2024
北京区域
统计年鉴

北京市统计局
国家统计局北京调查总队 编

中国统计出版社
China Statistics Press

图书在版编目（CIP）数据

北京区域统计年鉴. 2024 / 北京市统计局，国家统计局北京调查总队编. -- 北京：中国统计出版社，2024.12. -- ISBN 978-7-5230-0560-6

Ⅰ. C832.1-54

中国国家版本馆CIP数据核字第2024DE6338号

北京区域统计年鉴2024

作　　者/北京市统计局　国家统计局北京调查总队
责任编辑/李　冲
封面设计/揽胜视觉
出版发行/中国统计出版社有限公司
通信地址/北京市丰台区西三环南路甲6号　邮政编码/100073
发行电话/邮购（010）63376909　书店（010）68783171
网　　址/http://www.zgtjcbs.com
印　　刷/北京力信诚印刷有限公司
经　　销/新华书店
开　　本/880mm×1230mm　1/16
字　　数/500千字
印　　张/14.5印张　彩插/ 2.25印张
版　　别/2024年12月第1版
版　　次/2024年12月第1次印刷
定　　价/280.00元

东城区

地区生产总值（亿元）

一般公共预算收入（亿元）

社会消费品零售总额（亿元）

居民人均可支配收入（元）

西城区

地区生产总值（亿元）

一般公共预算收入（亿元）

2023

社会消费品零售总额（亿元）

居民人均可支配收入（元）

朝阳区

地区生产总值（亿元）

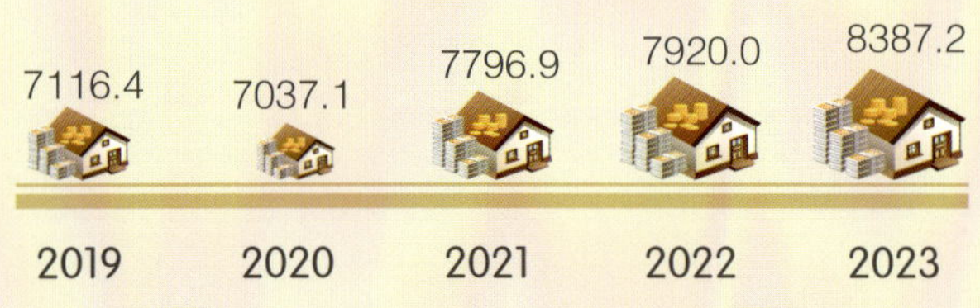

一般公共预算收入（亿元）

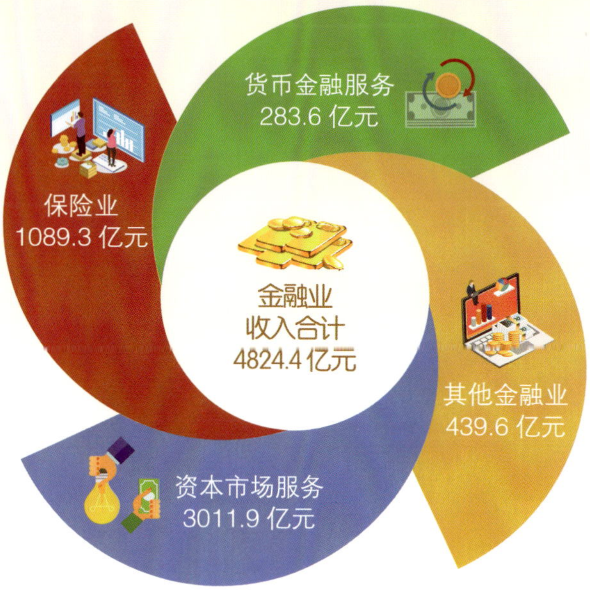

社会消费品零售总额（亿元）

居民人均可支配收入（元）

丰台区

地区生产总值(亿元)

一般公共预算收入(亿元)

2023

社会消费品零售总额（亿元）

居民人均可支配收入（元）

石景山区

常住人口
56.4 万人

地区生产总值
1074.8亿元

一般公共
预算收入
80.21亿元

一般公共
预算支出
164.47亿元

固定资产投资增速
4.6%

社会消费品零售总额
325.1亿元

实际利用外资
12295万美元

居民人均
可支配收入
91354元

中小学在校生数
4.17万人

专利授权量
5586件

执业（助理）医师数
3882人

参加职工基本
医疗保险人数
45.6万人

地区生产总值（亿元）

一般公共预算收入（亿元）

2023

研究开发费用合计
225.6 亿元

总收入
3532.1 亿元

专利申请数
4959 件

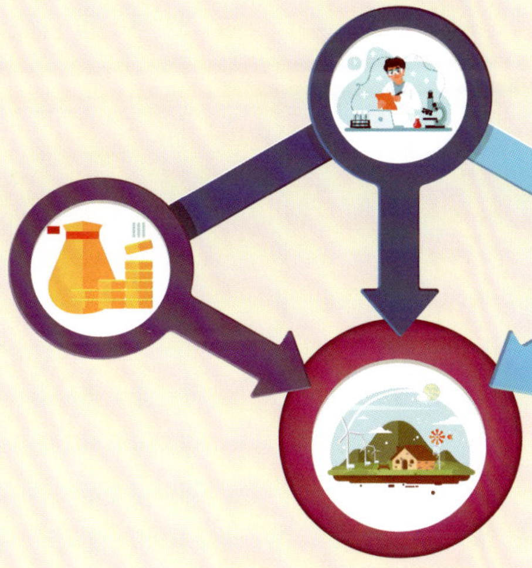

中关村国家自主创新示范区石景山园

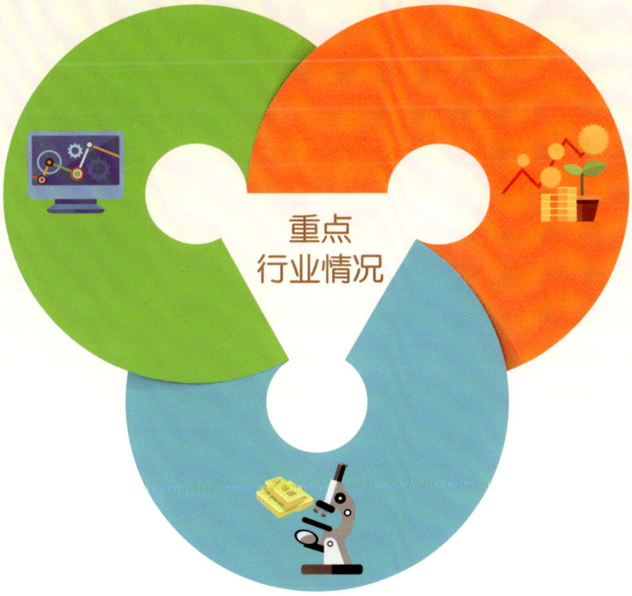

重点行业情况

信息传输、软件和信息技术服务业
收入合计 1272.2 亿元
利润总额 242.2 亿元
从业人员 32775 人

金融业
收入合计 1233.2 亿元
利润总额 555.2 亿元
从业人员 19682 人

科学研究和技术服务业
收入合计 235.4 亿元
利润总额 5.5 亿元
从业人员 20145 人

社会消费品零售总额（亿元）

2019	2020	2021	2022	2023
435.7	399.5	439.9	393.0	325.1

居民人均可支配收入（元）

2019	2020	2021	2022	2023
76990	78656	84666	86994	91354

海淀区

地区生产总值
11020.2亿元
一般公共
预算收入
548.92亿元
一般公共
预算支出
726.25亿元
固定资产投资增速
7.9%
社会消费品零售总额
2849.6亿元
实际利用外资
654388万美元
居民人均
可支配收入
101315元
中小学在校生数
33.40万人
专利授权量
73051件
执业（助理）医师数
16597人
参加职工基本
医疗保险人数
271.3万人
常住人口
312.5 万人

地区生产总值（亿元）
7954.6
8492.0
9800.2
10348.1
11020.2
2019
2020
2021
2022
2023
一般公共预算收入（亿元）
446.50
453.87
490.20
490.51
548.92
2019
2020
2021
2022
2023

社会消费品零售总额（亿元）

居民人均可支配收入（元）

门头沟区

地区生产总值（亿元）

一般公共预算收入（亿元）

2023

绿化覆盖面积
2134.63 公顷

绿化覆盖率
50.24%

细颗粒物（$PM_{2.5}$）
平均浓度值
30 微克 / 立方米

人均绿地面积
55.18 平方米

休闲农业与
乡村旅游收入
7844.72 万元

“门头沟小院”
精品民宿总收入
3431.8 万元

休闲农业与
乡村旅游接待人次
52.3 万人次

“门头沟小院”
精品民宿接待人次
7.7 万人次

社会消费品零售总额（亿元）

居民人均可支配收入（元）

房山区

地区生产总值（亿元）

一般公共预算收入（亿元）

2023

中关村国家自主创新示范区房山园

技术收入
135.2 亿元

总收入
1065.8 亿元

产品销售收入
393.6 亿元

出口总额
17.8 亿元

实缴税费总额
38.4 亿元

社会消费品零售总额（亿元）

2019	2020	2021	2022	2023
375.6	341.3	373.9	349.1	367.7

居民人均可支配收入（元）

2019	2020	2021	2022	2023
42823	44078	47594	49294	52384

通州区

地区生产总值（亿元）

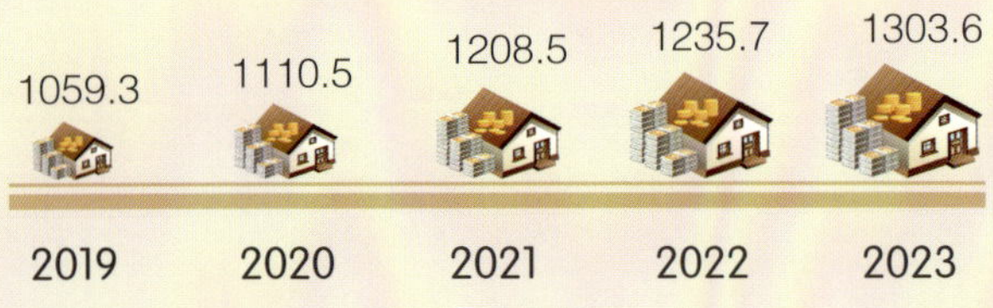

一般公共预算收入（亿元）

2023

森林覆盖率
34.19%

人均公园绿地面积
18.95 平方米

城市绿化覆盖率
53.60%

公园绿地面积
3492.9 公顷

绿地率
45.97%

公园绿地 500 米
服务半径覆盖率
95.33%

规模以上租赁和商务服务业
收入合计
252.1 亿元

建筑业总产值
2329.0 亿元
增长 7.4%

规模以上文化、体育和娱乐业
收入合计
100.3 亿元
增长 69.7%

实际利用外资
增长 1.4 倍

社会消费品零售总额（亿元）

居民人均可支配收入（元）

顺义区

常住人口
132.7 万人

地区生产总值
2203.6亿元

一般公共
预算收入
174.97亿元

一般公共
预算支出
296.11亿元

固定资产投资增速
10.3%

社会消费品零售总额
633.6亿元

实际利用外资
74586万美元

居民人均
可支配收入
51237元

中小学在校生数
9.17万人

专利授权量
6920件

执业（助理）医师数
4645人

参加职工基本
医疗保险人数
64.2万人

地区生产总值（亿元）

一般公共预算收入（亿元）

2023

多式联运和运输代理业
资产总计 422.4 亿元
营业收入 476.5 亿元
从业人员平均人数 11792 人

装卸搬运和仓储业
资产总计 57.5 亿元
营业收入 42.9 亿元
从业人员平均人数 3793 人

航空运输业
资产总计 3146.1 亿元
营业收入 1200.4 亿元
从业人员平均人数 66430 人

道路运输业
资产总计 202.7 亿元
营业收入 216.9 亿元
从业人员平均人数 11649 人

邮政业
资产总计 180.1 亿元
营业收入 446.1 亿元
从业人员平均人数 15568 人

社会消费品零售总额（亿元）

居民人均可支配收入（元）

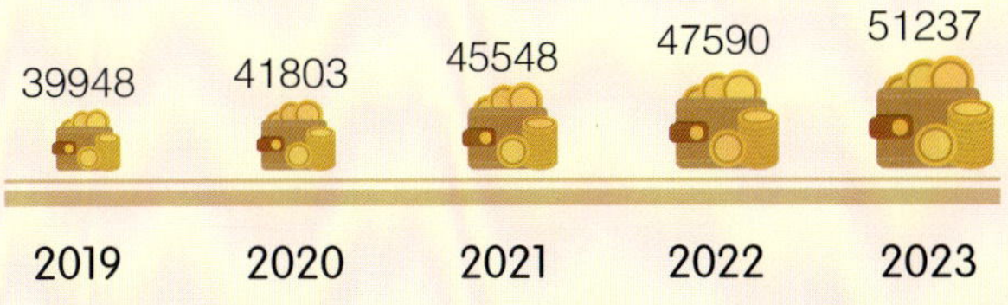

昌平区

地区生产总值（亿元）

一般公共预算收入（亿元）

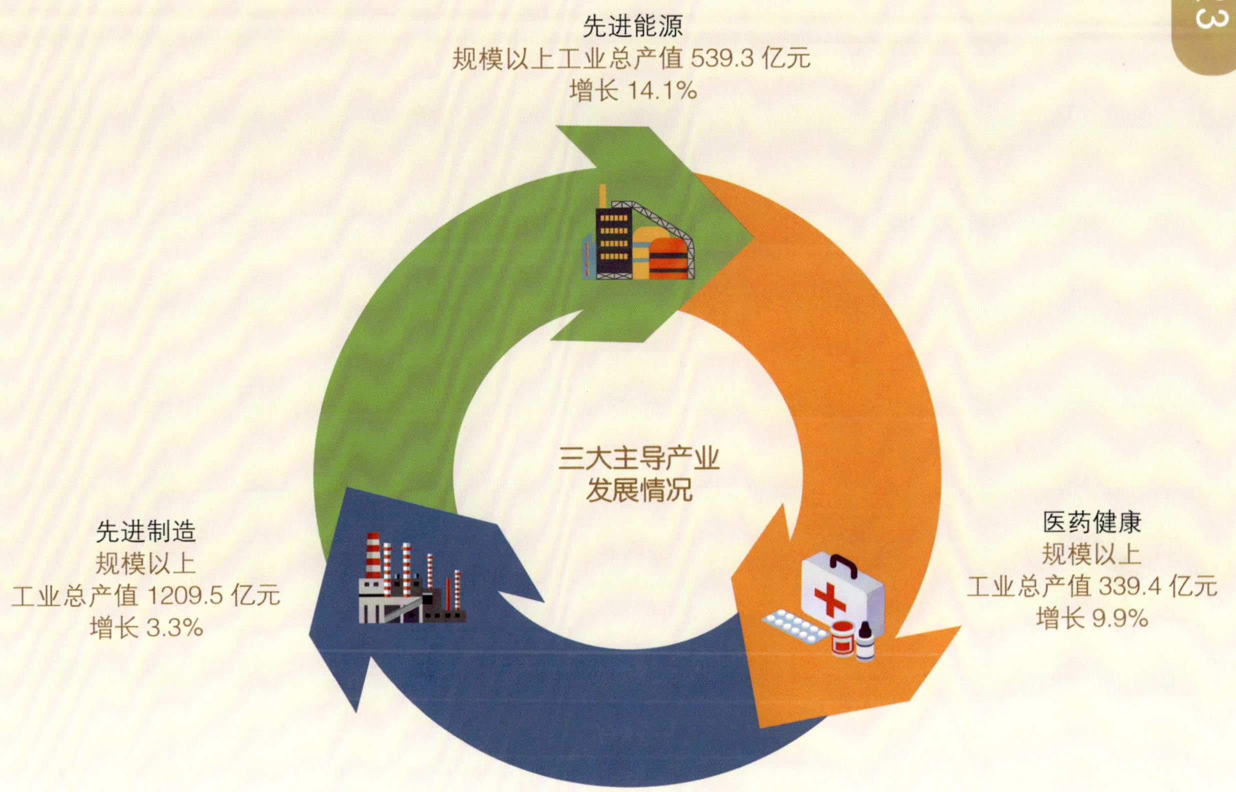

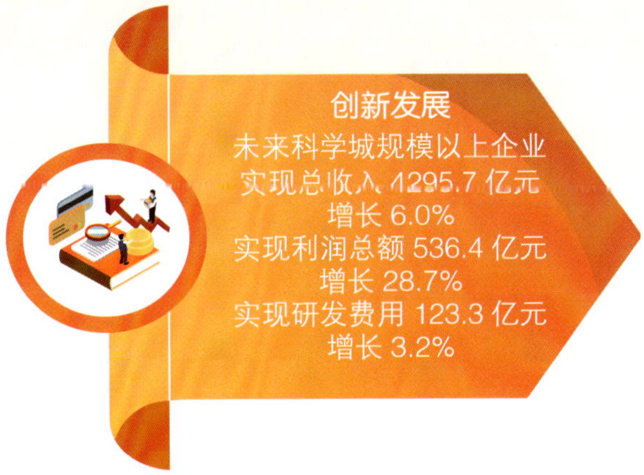

社会消费品零售总额（亿元）

居民人均可支配收入（元）

大兴区

注：地区生产总值、固定资产投资增速、社会消费品零售总额不含北京经济技术开发区数据。

地区生产总值（亿元）

一般公共预算收入（亿元）

2023

交通运输、仓储和邮政业收入合计
297.0 亿元
增长 40.1%

航空运输业
109.1 亿元
增长 1.6 倍

道路运输业
42.3 亿元
增长 21.2%

信息传输、软件和信息技术服务业收入合计
123.4 亿元 增长 18.0%

软件和信息技术服务业
105.7 亿元
增长 16.1%

规模以上工业总产值
878.3 亿元

其中：医药制造业
254.3 亿元
占比 29.0%

社会消费品零售总额（亿元）

2019	2020	2021	2022	2023
684.0	618.6	673.1	640.1	707.1

居民人均可支配收入（元）

2019	2020	2021	2022	2023
47432	49206	53454	55804	59556

怀柔区

地区生产总值（亿元）

一般公共预算收入（亿元）

技术收入
91.6 亿元
研究开发费用合计
25.8 亿元
总收入
566.4 亿元
产品销售收入
285.0 亿元
中关村
国家自主创新
示范区怀柔园
从业人员期末人数
27989 人
规模以上单位数
197 个

社会消费品零售总额（亿元）
220.2
203.1
228.1
230.3
234.2
2019
2020
2021
2022
2023

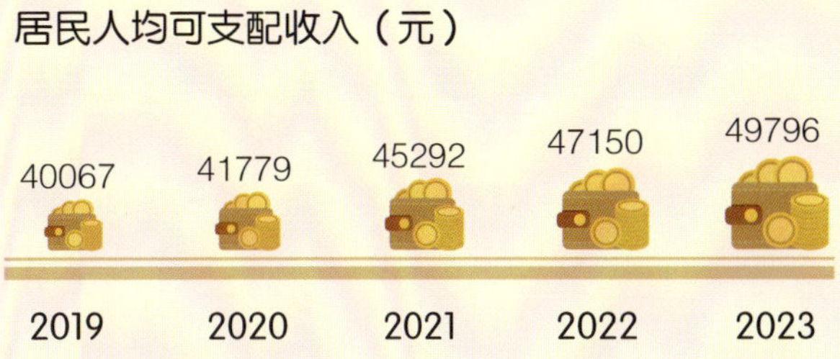
居民人均可支配收入（元）
40067
41779
45292
47150
49796
2019
2020
2021
2022
2023

平谷区

地区生产总值
451.6亿元
一般公共
预算收入
40.17亿元
一般公共
预算支出
127.39亿元
固定资产投资增速
40.1%
社会消费品零售总额
161.0亿元
实际利用外资
57052万美元
居民人均
可支配收入
48175元
中小学在校生数
3.72万人
专利授权量
1437件
执业（助理）医师数
2025人
参加职工基本
医疗保险人数
25.7万人
常住人口
45.6 万人

地区生产总值（亿元）
293.6
321.9
374.6
411.5
451.6
2019
2020
2021
2022
2023

一般公共预算收入（亿元）
24.22
25.62
26.65
27.57
40.17
2019
2020
2021
2022
2023

2023

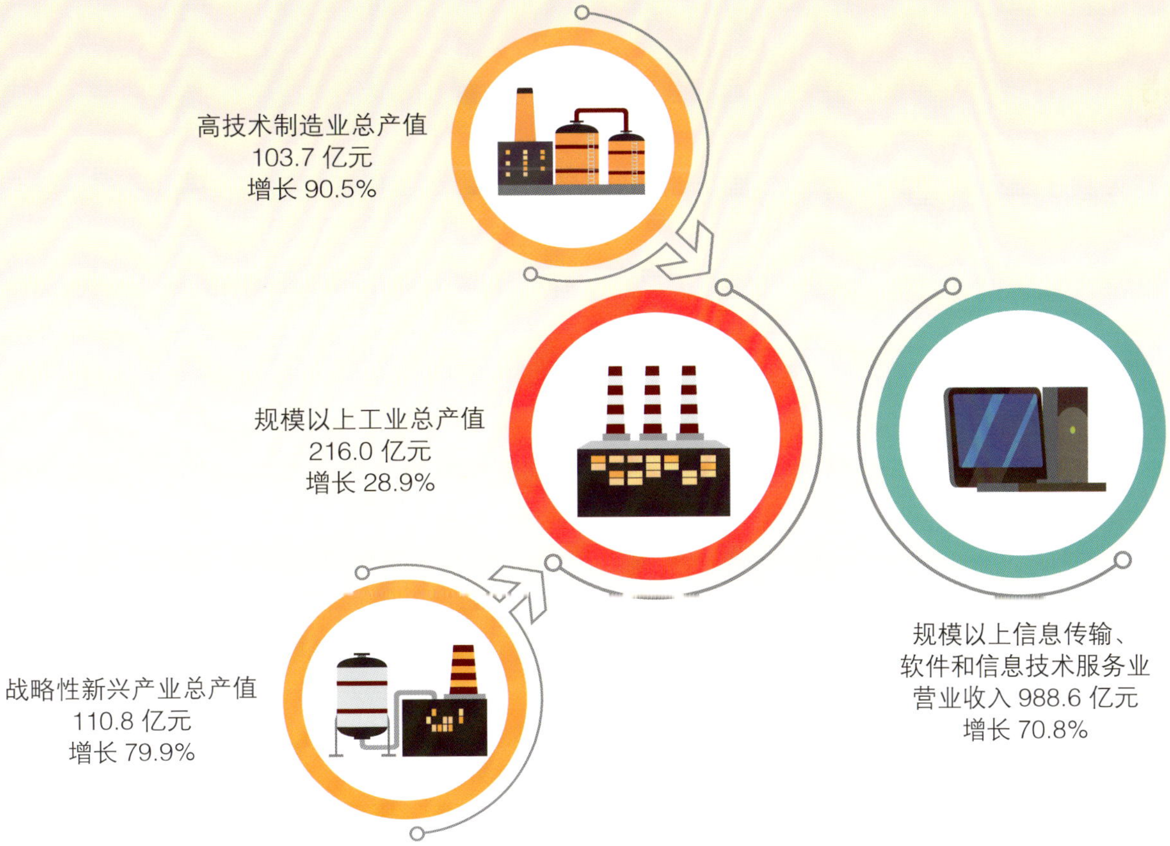

社会消费品零售总额（亿元）

居民人均可支配收入（元）

密云区

地区生产总值(亿元)

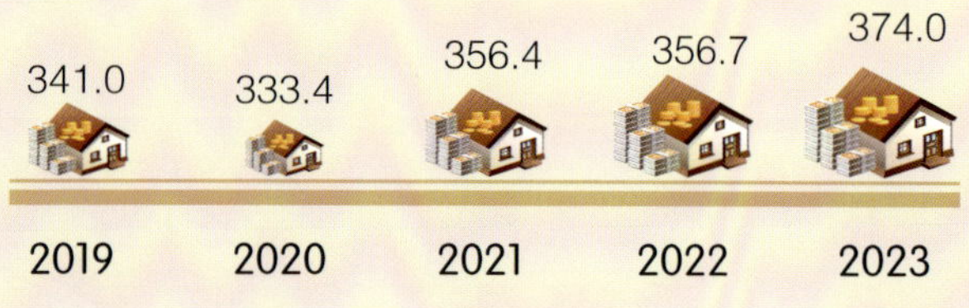

一般公共预算收入(亿元)

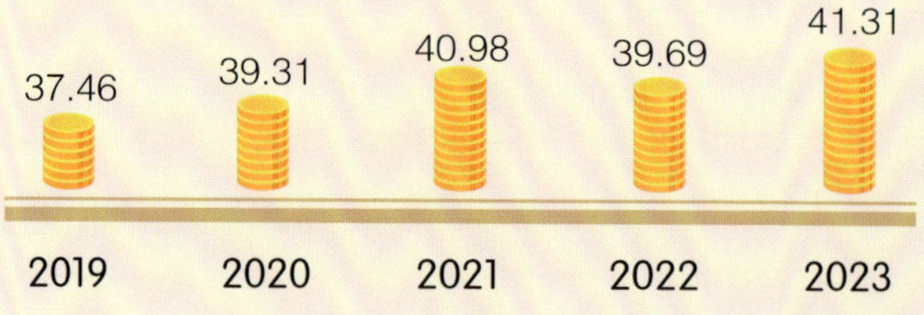

2023

森林覆盖率
69.72%

医药制造业产值
41.6 亿元
增长 9.2%

休闲农业与乡村旅游接待人次
508.4 万人次

细颗粒物（$PM_{2.5}$）年均浓度
28 微克 / 立方米

汽车制造业产值
54.7 亿元
增长 7.5%

休闲农业与乡村旅游总收入
8.4 亿元

社会消费品零售总额（亿元）

2019	2020	2021	2022	2023
174.3	160.9	169.4	162.8	182.7

居民人均可支配收入（元）

2019	2020	2021	2022	2023
38004	39282	42634	44271	46926

延庆区

常住人口
34.3 万人
地区生产总值
224.1亿元
一般公共
预算收入
25.13亿元
一般公共
预算支出
127.89亿元
固定资产投资增速
-15.5%
社会消费品零售总额
109.9亿元
实际利用外资
1952万美元
居民人均
可支配收入
43874元
中小学在校生数
2.51万人
专利授权量
633件
执业(助理)医师数
1469人
参加职工基本
医疗保险人数
14.7万人

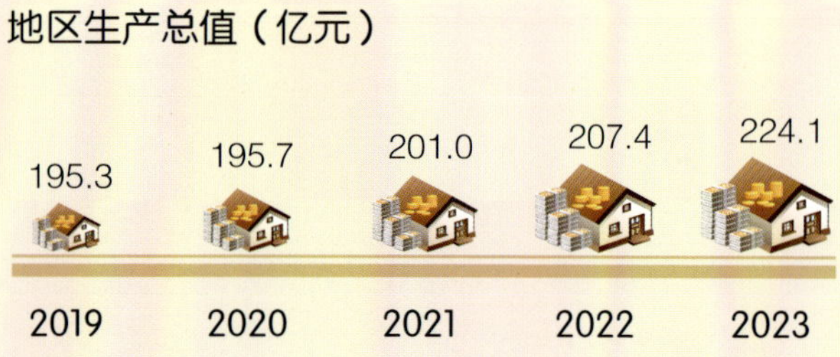
地区生产总值(亿元)
195.3
195.7
201.0
207.4
224.1
2019
2020
2021
2022
2023

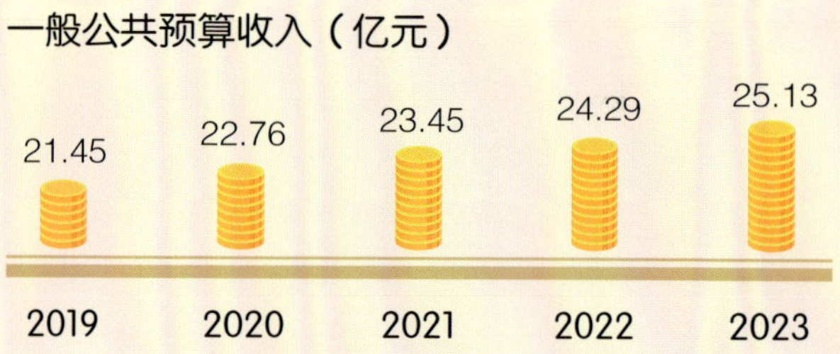
一般公共预算收入(亿元)
21.45
22.76
23.45
24.29
25.13
2019
2020
2021
2022
2023

2023

休闲农业与
乡村旅游接待人次
394.0 万人

休闲农业与
乡村旅游总收入
4.8 亿元

细颗粒物（$PM_{2.5}$）
年均浓度值
28 微克 / 立方米

可吸入颗粒物（PM_{10}）
年均浓度值
51 微克 / 立方米

二氧化氮（NO_2）
年均浓度值
17 微克 / 立方米

二氧化硫（SO_2）
年均浓度值
3 微克 / 立方米

月平均降尘量
3.3 吨 / 平方公里

社会消费品零售总额（亿元）

2019	2020	2021	2022	2023
108.0	99.7	109.1	104.1	109.9

居民人均可支配收入（元）

2019	2020	2021	2022	2023
36482	37385	40148	41206	43874

北京经济技术开发区

2023

地区生产总值（亿元）

社会消费品零售总额（亿元）

规模以上工业总产值（亿元）

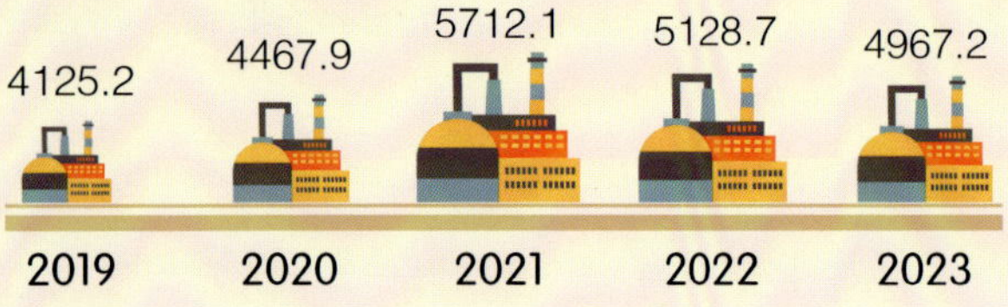

R&D 经费内部支出（亿元）

《北京区域统计年鉴2024》
编辑委员会及编辑工作人员

编 辑 说 明

《北京区域统计年鉴 2024》是反映北京市各区 2023 年经济社会发展状况的数据资料，同时收录了四大直辖市、京津冀地区、长三角地区、珠三角地区 2023 年主要指标数据。

1. 全书共包括 8 个部分，分别为：全市主要数据，各区历史数据，各区主要数据，开发区主要数据，特色功能区主要数据，四大直辖市主要数据，京津冀、长三角、珠三角主要数据，北京与全国主要数据对比。

2. 与 2023 年版区域统计年鉴相比，主要做了如下调整：在“全市主要数据”章节中，增加“邮政行业业务总量”“电信业务总量”有关数据；在“各区主要数据”章节中，增加“农村居民收支情况（2023）”；对“开发区主要数据”“特色功能区主要数据”“京津冀、长三角、珠三角主要数据”等章节中的统计表内容进行了调整。

3. 分区资料除特殊说明外，全部为“在地”（即：法人经营地）口径。受统计口径和资料来源不同等因素影响，书内所列分区数据可能与区统计部门编印的统计资料不同，请读者在使用时加以注意。分区资料中若未单独列出北京经济技术开发区，则其数据包含在大兴区中。

4. 数据资料来源均在表下进行了注明，未注明资料来源的分区数据均来源于北京市统计局、国家统计局北京调查总队；全国及外省市统计资料摘自《中国统计年鉴》及相关省市统计年鉴等，具体数据来源请参阅各章简要说明。

5. 书中使用的符号说明：“…”表示数据不足本表最小单位；“空格”表示该项指标数据不详或没有数据；“#”表示其中项目；“‖”表示不在同一分组类中的其中项。

6. 本年鉴配有电子光盘，辅助用户对数据进行加工处理。

7. 本年鉴中涉及的历史数据，均以最新出版的本年鉴数据为准；年鉴中部分数据合计数或相对数由于单位取舍不同而产生的计算误差，均未作机械调整。

目　录

第一章　全市主要数据

第二章　各区历史数据

第三章 各区主要数据

第四章　开发区主要数据

第五章 特色功能区主要数据

第六章 四大直辖市主要数据

第七章 京津冀、长三角、珠三角主要数据

第八章 北京与全国主要数据对比

附 录 指标解释

2024

北京区域统计年鉴

第一章

BEIJING AREA STATISTICAL YEARBOOK

全市主要数据

简要说明

一、本章资料的主要内容

本章主要包括反映北京市经济社会发展主要总量、结构、效益指标及"十四五"时期监测指标等。

二、本章资料的数据来源

北京市经济社会主要指标及"十四五"时期主要监测指标资料由北京市统计局根据相关资料整理。

三、有关统计标准变化和数据调整的说明

为更好地反映我国三次产业的发展情况，满足国民经济核算、服务业统计及其他统计调查对三次产业划分的需求，根据《国民经济行业分类》（GB/T 4754—2017），国家统计局对《三次产业划分规定（2012）》进行了修订。

根据国家统计局要求，自2015年起北京按照城乡住户调查一体化改革后新口径发布全市和分城乡的居民收支数据，增长速度为同口径增速。

2016年按照国家统计局统一部署，开始实施地区研发支出核算方法改革，并对全市1996年以来地区生产总值进行了调整。

2018年北京市第四次全国经济普查后，根据普查结果对地区生产总值、能源消费、社会消费品零售总额、研究与试验发展等相关历史数据进行了修订。

2020年北京市第七次全国人口普查后，根据普查结果对2011-2019年人口数据进行了修订。

1-1 “十四五”时期经济社会发展主要监测指标

项　　目		“十四五”时期监测发展目标	2023
常住人口规模	（万人）	≤2300	2185.8
地区生产总值年均增速	（%）	5左右	【4.8】
城市副中心和平原新城增加值占地区生产总值比重	（%）	>23	21.4
全员劳动生产率	（万元/人）	35左右	38.7
全社会研究与实验发展经费支出占地区生产总值比重	（%）	6左右	6.73
每万人口高价值发明专利拥有量	（件）	82左右	137.0
数字经济增加值年均增速（当年价格）	（%）	7.5左右	【9.3】
全市居民可支配收入年均实际增速	（%）	与经济增长基本同步	【4.4】
实际利用外资规模	（亿美元）	累计830左右	455.6
生产生活用水总量	（亿立方米）	<30	25.3
地表水质量达到或好于III类水体比例	（%）	达到国家要求	76
细颗粒物（$PM_{2.5}$）年均浓度	（微克/立方米）	达到国家要求	32
森林覆盖率	（%）	45	44.9
单位地区生产总值能耗降幅	（%）	达到国家要求	-4.40
每千常住人口执业（助理）医师数	（人）	5.6左右	6.12
单位地区生产总值生产安全事故死亡率	（人/百亿元）	<0.9	1.01
食品安全抽检合格率	（%）	>98.5	99.14
药品抽验合格率	（%）	>99	99.96

注：【】内数据为“十四五”以来年均增速，实际利用外资数据为“十四五”以来累计数。

1-2　主要年份国民经济和社会发展总量指标

项　　目		1990	1995	2000
人口与就业				
年末全市常住人口	（万人）	1086.0	1251.1	1363.6
#城镇人口		798.0	946.2	1057.4
年末户籍人口	（万人）	1032.2	1070.3	1107.5
常住就业人口	（万人）			
城镇非私营单位在岗职工平均工资	（元）	2653	8144	15726
年末实有城镇登记失业人员	（万人）	1.67	2.19	3.32
国民经济核算				
地区生产总值	（亿元）	500.8	1516.2	3277.8
人均地区生产总值	（元）	4635	12762	25014
价格指数（上年=100）				
居民消费价格指数		105.4	117.3	103.5
工业生产者出厂价格指数		107.9	107.3	102.5
人民生活				
全市居民人均可支配收入	（元）	1741	5501	9230
全市居民人均消费支出	（元）	1469	4366	7644
财　政				
一般公共预算收入	（亿元）			345.0
一般公共预算支出	（亿元）			443.0
能源、资源和环境				
能源消费总量	（万吨标准煤）	2709.7	3533.3	4144.0
水资源总量	（亿立方米）	36.9	30.3	16.9
城市绿化覆盖率	（%）	28.0	32.7	36.5
城市公用事业				
全社会用电量	（亿千瓦时）	150.5	222.6	384.4
自来水销售总量	（亿立方米）	5.3	6.8	7.5
居民燃气用户	（万户）	176.1	219.8	291.9
公共交通客运量	（亿人次）	33.5	37.2	40.7
污水处理率	（%）	7.3	19.4	39.4

注：1. 2015年常住人口数据根据北京市第七次全国人口普查结果进行了修订，下同。

2. 城镇非私营单位在岗职工平均工资2000年及以前数据为职工口径，职工包括在岗职工和不在岗职工；自2001年起调整为在岗职工口径。2007年及以前城镇单位在岗职工工资包括乡及乡以上独立核算法人单位，不包括乡镇企业和个体工商户；自2008年起不包括个体工商户的独立核算法人单位。

3. 2014年以前年末实有登记失业人员为城镇口径，2014-2019年调整为全市口径。自2020年9月起，对城镇登记失业人员相关统计口径进行调整，将离校未就业高校毕业生、领取失业补助金人员和领取一次性生活补助农民工纳入登记失业人员范围，下同。

4. 地区生产总值绝对值按当年价格计算。2015年人均地区生产总值数据根据北京市第七次全国人口普查结果进行了修订，2023年为初步核算数据，下同。

5. 自2012年起，自来水数据口径调整为城镇公共供水。

1-2 续表 1

2005	2010	2015	2020	2022	2023
1538.0	1961.9	2188.3	2189.0	2184.3	2185.8
1286.1	1686.4	1897.5	1916.4	1912.8	1919.8
1180.7	1257.8	1345.2	1400.8	1427.7	1431.2
	1067.3	1164.4	1163.8	1132.1	1129.0
34191	65683	113073	185026	215143	224562
10.57	7.73	9.16	29.02	36.39	35.74
7149.8	14964.0	24779.1	35943.3	41540.9	43760.7
47182	78307	113692	164158	189988	200278
101.5	102.4	101.8	101.7	101.8	100.4
101.3	102.2	96.9	99.1	102.3	99.2
16853	29228	48458	69434	77415	81752
13289	21834	33803	38903	42683	47586
919.2	2353.9	4723.9	5483.9	5714.4	6181.1
1058.3	2717.3	5737.7	7116.2	7469.2	7971.2
5049.8	6359.5	6802.8	6762.1	6896.9	7571.3
23.2	23.1	26.8	25.8	23.7	41.5
42.0	45.0	48.4	49.0	49.8	49.8
570.5	809.9	952.7	1140.0	1280.8	1357.8
7.2	8.9	10.4	11.2	12.3	12.8
462.6	634.2	885.7	902.2	973.6	993.3
51.8	69.0	73.8	41.2	39.9	55.4
62.4	81.0	87.9	95.0	97.0	97.3

1-2 续表2

项　　目		1990	1995	2000
固定资产投资				
固定资产投资	（亿元）	179.2	841.5	1297.4
#基础设施投资		31.6	156.1	351.9
#房地产开发投资		22.5	352.8	522.1
对外经济贸易				
地区货物进出口总值	（亿美元）	236.4	370.4	494.0
地区货物进出口总值	（亿元）		3108.2	4090.1
实际利用外商直接投资额	（亿美元）			16.8
农　业				
农林牧渔业总产值（当年价格）	（亿元）	70.2	164.4	188.6
工　业				
规模以上工业总产值（当年价格）	（亿元）	625.9	1493.3	2842.0
规模以上工业主要财务指标				
资产总计	（亿元）	498.3	2582.6	4612.7
负债总额	（亿元）		1528.8	2676.4
营业收入	（亿元）			
利润总额	（亿元）	48.9	85.3	127.1
建筑业				
建筑业总产值	（亿元）	94.7	426.6	812.5
交通运输邮电业				
运　输				
货物周转量	（亿吨公里）	268.8	323.1	299.6
旅客周转量	（亿人公里）	119.8	207.7	314.0
邮　电				
邮政行业业务总量	（亿标准量）		7.0	15.2
电信业务总量	（亿元）		49.2	199.5
固定电话用户	（万户）	33.3	150.5	451.2
移动电话用户	（万户）	0.3	16.9	347.2
批发和零售业、住宿和餐饮业				
社会消费品零售总额	（亿元）	345.1	971.8	1760.3
旅游业				
入境游客人数	（万人次）	100.0	207.0	282.1
国内游客人数	（万人次）		6320.0	10186.0
国际旅游收入	（亿美元）	6.6	21.8	27.7
国内旅游收入	（亿元）		352.6	683.0

注：1. 自2011年起，固定资产投资统计起点由50万元调整至500万元。
2. 2018年及以前固定资产投资为全社会口径，自2019年起为不含农户口径。
3. 邮政行业业务总量与电信业务总量2000年及以前按1990年不变价格计算，2001-2010年按2000年不变价格计算，2011-2016年按2010年不变价格计算。2017-2020年，邮政行业业务总量按2010年不变价格计算，电信业务总量按2015年不变价格计算。自2021年起，邮政行业业务总量按2020年不变价格计算，电信业务总量按上年不变价格计算。

1–2 续表3

2005	2010	2015	2020	2022	2023
2827.2	5493.5	7990.9			
610.7	1403.5	2174.5			
1525.0	2901.1	4226.3			
1255.1	3016.6	3194.2	3350.4	5465.0	5187.5
10331.9	20478.2	19827.7	23215.9	36445.5	36466.3
35.3	53.4	127.2	133.9	174.1	137.1
239.3	328.0	368.2	263.4	268.2	252.6
6946.2	13699.8	17449.6	20879.3	23870.0	24652.2
12829.8	22750.6	38609.8	55167.0	66052.5	72994.0
4706.7	11548.1	18102.4	24193.8	29327.9	32590.1
	14807.1	19256.1	23849.0	27713.6	28950.6
413.5	1028.3	1597.7	1729.5	1998.7	1684.1
1894.0	5196.0	8436.7	12905.9	13726.8	14318.5
457.7	513.7	623.7	842.8	881.2	910.4
838.1	1399.5	1747.7	1015.0	573.3	1886.2
33.5	107.3	258.5	480.2	281.4	324.3
379.4	1066.8	923.1	3217.6	558.6	633.3
943.5	885.6	784.7	480.6	474.2	467.4
1459.8	2129.8	4051.6	3906.4	3926.9	4021.1
3221.4	7273.0	12271.9	13716.4	13794.2	14462.7
362.9	490.1	420.0	34.1	24.1	116.8
12500.0	17900.0	26859.0	18352.4	18206.7	32736.9
36.2	50.4	46.1	4.8	4.4	16.6
1300.0	2425.1	4320.0	2880.9	2490.9	5731.2

1–2 续表4

项　目		1990	1995	2000
金融业				
金融机构（含外资）本外币存款余额	（亿元）			11526.0
金融机构（含外资）本外币贷款余额	（亿元）			6407.9
原保险保费收入	（亿元）			93.4
证券市场交易额	（亿元）			14727.2
科　技				
研究与试验发展经费内部支出	（亿元）			155.7
技术合同成交总额	（亿元）	20.3	41.2	140.3
专利授权量	（件）	2268	4025	5905
教　育				
在校生数	（万人）		238.0	229.9
专任教师数	（万人）		17.7	16.7
卫生及社会服务				
卫　生				
医疗卫生机构个数	（个）	4953	4955	6176
医疗机构实有床位数	（万张）	5.9	6.7	7.1
医疗卫生技术人员数	（万人）	11.2	11.6	11.6
#执业（助理）医师		5.1	5.4	5.2
注册护士		3.5	3.7	4.0
婚　姻				
登记结婚对数	（万对）	9.3	8.6	8.0
离婚对数	（万对）	1.5	2.0	2.7
文　化				
公共图书馆总藏数	（万册、万件）	2205	2629	3020
博物馆及其他文物保护机构	（个）		51	53
电影放映场次	（万场次）	20.7	9.2	12.2
社会保障				
参加企业职工基本养老保险人数	（万人）		261.1	391.6
参加职工基本医疗保险人数	（万人）			

注：1. 自2016年起，对专利相关数据的统计范围进行了调整。
2. 2010年及以前，医疗卫生机构数据均不含村卫生室及驻京部队医院情况。自2011年起，包含村卫生室情况。自2012年起，除床位数外均包含驻京部队医院数据，下同。
3. 离婚对数包括在民政部门登记的对数和经法院调离或判离的对数。
4. 博物馆及其他文物保护机构数据为北京市文物局系统内数据。
5. 自2021年9月起，对参加职工基本医疗保险人数统计口径进行调整，去除6个月及以上未缴费人员。

1-2 续表5

2005	2010	2015	2020	2022	2023
28969.9	66584.6	128573.0	188081.6	218628.8	246430.0
15335.5	36479.6	58559.4	84308.8	97819.9	110835.5
498.2	966.5	1403.9	2302.9	2758.5	3204.7
12930.0	129495.2	918064.8	1259914.7	1846185.7	2114284.5
379.5	821.8	1384.0	2326.6	2843.3	2947.1
434.4	1579.5	3452.6	6316.2	7947.5	8536.9
10100	33511	94031	162824	202722	193973
226.4	330.0	373.4	403.9	402.4	395.3
17.5	20.7	22.6	25.7	27.3	27.6
7536	9511	10425	11211	12211	12518
7.9	9.3	11.2	12.7	13.4	13.9
12.0	17.1	25.7	30.4	32.2	34.3
5.1	6.6	9.6	11.9	12.5	13.4
4.3	6.7	11.4	13.5	14.3	15.3
9.7	13.8	16.6	11.4	9.1	13.7
3.4	4.4	8.2	8.2	4.4	5.5
3626	4613	5943	7241	7819	8099
73	79	77	80	58	50
22.6	74.3	198.1	146.0	262.9	338.0
520.0	982.5	1424.2	1679.9	1764.7	1801.5
574.8	1063.7	1475.7	1741.6	1499.4	1504.7

1-3 主要年份国民经济和社会发展结构指标

单位：%

项目	1990	1995	2000	2005	2010	2015	2020	2022	2023
人口与就业									
常住人口									
按性别分									
男	50.2	50.1	52.1	50.6	51.6	51.5	51.1	51.0	50.9
女	49.8	49.9	47.9	49.4	48.4	48.5	48.9	49.0	49.1
按城乡分									
城　镇	73.5	75.6	77.5	83.6	86.0	86.7	87.5	87.6	87.8
乡　村	26.5	24.4	22.5	16.4	14.0	13.3	12.5	12.4	12.2
就　业									
常住就业人口									
第一产业					5.5	3.7	2.4	2.2	2.1
第二产业					23.6	18.9	16.7	16.4	16.2
第三产业					70.9	77.4	80.9	81.4	81.7
国民经济核算									
地区生产总值									
第一产业	8.7	4.8	2.4	1.2	0.8	0.6	0.3	0.3	0.2
第二产业	52.3	42.1	31.2	26.7	21.6	17.8	16.0	16.0	14.9
第三产业	39.0	53.1	66.4	72.1	77.6	81.6	83.7	83.8	84.8
人民生活									
城镇居民人均消费支出									
#食品烟酒	54.2	48.5	35.8	29.4	26.8	22.1	21.0	21.1	20.8
衣　着	14.7	15.1	8.7	8.1	8.5	7.2	4.6	4.3	4.3
医疗保健	1.4	2.9	7.0	9.8	6.4	6.5	9.0	9.4	9.1
交通通信	1.5	4.7	7.0	13.1	13.7	13.3	9.4	9.3	10.0
教育文化娱乐	11.6	10.2	14.8	14.7	11.5	11.0	7.2	7.2	8.2
农村居民人均消费支出									
#食品烟酒	50.7	49.6	37.5	30.3	26.6	27.7	28.5	27.4	27.8
衣　着	9.5	10.9	7.0	6.4	5.9	6.3	5.0	4.7	4.7
医疗保健	3.8	4.8	7.3	9.4	8.4	8.4	9.4	8.0	8.1
交通通信	1.7	4.1	7.0	11.9	11.7	13.5	14.0	13.8	13.3
教育文化娱乐	6.6	10.6	13.6	12.9	7.5	7.2	5.5	5.5	5.8
财　政									
一般公共预算收入									
#增值税			13.3	10.6	8.9	15.2	30.1	23.0	30.4
个人所得税			16.3	9.2	9.1	10.1	11.2	13.7	12.5
企业所得税			16.8	17.9	21.8	21.7	21.6	25.4	23.2

1-3 续表1

单位：%

项　目	1990	1995	2000	2005	2010	2015	2020	2022	2023
能源消费总量									
第一产业	3.9	3.4	2.5	1.7	1.5	1.2	0.8	0.7	0.6
第二产业	63.5	65.9	58.5	46.8	37.2	28.0	25.9	24.2	21.6
第三产业	19.0	17.9	26.1	35.1	41.7	48.7	48.0	48.1	52.1
生活消费	13.6	12.8	12.9	16.4	19.5	22.1	25.3	27.0	25.7
固定资产投资									
固定资产投资资金来源									
中央预算资金	25.3	7.7	7.4	2.8	1.2	1.7	1.1	1.7	1.3
国内贷款	16.7	13.4	26.0	23.2	26.6	22.2	22.2	17.0	12.0
利用外资	11.2	20.5	3.6	1.6	0.5	0.1	0.1	0.1	0.05
债券、自筹和其他资金	46.8	58.5	63.0	72.4	71.6	76.0	76.6	81.3	86.6
对外经济贸易									
海关出口商品（以美元计价）									
#一般贸易		70.6	65.9	54.5	45.0	54.8	79.8	81.3	81.4
加工贸易		21.3	29.6	39.6	42.1	28.0	5.4	4.4	4.1
海关进口商品（以美元计价）									
#一般贸易		84.4	87.3	85.2	88.7	85.7	87.8	88.8	87.1
加工贸易		5.2	3.5	8.2	5.9	7.7	3.9	3.9	4.3
农　业									
农林牧渔业产值									
农　业	55.6	52.8	46.7	38.0	47.0	42.0	40.9	48.4	53.7
林　业	1.3	1.6	2.8	5.2	5.1	15.6	37.1	32.3	26.1
牧　业	39.9	41.8	46.4	50.5	42.6	36.9	17.2	15.8	16.6
渔　业	3.3	3.7	4.1	3.6	3.5	3.2	1.6	1.4	1.6
农林牧渔专业及辅助性活动				2.7	1.8	2.4	3.3	2.1	2.0
工　业									
规模以上工业总产值									
#医药制造业	1.8	1.5	2.1	1.9	2.7	4.2	6.3	7.3	5.9
汽车制造业	7.8	11.6	3.9	11.8	15.9	22.3	19.8	14.2	14.5
计算机、通信和其他电子设备制造业	6.0	10.4	32.9	25.6	16.3	12.1	13.8	14.7	13.6
电力、热力生产和供应业	2.6	2.8	2.9	8.6	15.5	23.4	26.8	30.7	32.8
建筑业									
建筑业总产值									
房屋建筑业						51.3	54.2	55.9	52.8
土木工程建筑业						32.7	33.6	31.1	33.0
建筑安装业						7.9	6.3	6.4	6.8
建筑装饰、装修和其他建筑业						8.1	5.9	6.6	7.4
交通运输业									
货运量（按运输方式分）									
铁　路	11.4	9.2	8.5	6.1	6.6	4.3	1.4	1.4	1.1
公　路	87.5	90.4	91.2	92.4	85.1	82.0	82.7	77.2	75.4
民　航	0.04	0.05	0.11	0.24	0.55	0.68	0.56	0.53	0.52
管　道	1.0	0.3	0.2	1.2	7.7	13.0	15.4	20.8	23.0

注：1.自2017年起，将固定资产投资中原“国家预算内资金”调整为“中央预算资金”。

2.根据《国民经济行业分类》（GB/T 4754-2017）标准，自2018年起将原“农林牧渔服务业”调整为“农林牧渔专业及辅助性活动”。

1-3 续表2

单位：%

项　　目	1990	1995	2000	2005	2010	2015	2020	2022	2023
客运量（按运输方式分）									
铁　路	50.4	45.1	24.2	9.5	6.3	18.3	17.6	13.9	30.2
公　路	46.7	47.7	70.7	85.3	89.7	71.4	67.7	75.3	51.7
民　航	2.9	7.2	5.1	5.2	4.0	10.3	14.7	10.7	18.1
消　费									
社会消费品零售总额									
吃类商品	39.6	41.8	26.1	24.9	20.9	18.1	20.4	20.5	21.8
穿类商品	13.2	14.3	9.2	8.4	7.6	6.1	5.1	4.8	5.4
用类商品	44.8	42.0	59.7	59.0	64.9	71.4	71.2	70.5	68.5
烧类商品	2.3	1.9	5.0	7.7	6.6	4.5	3.3	4.2	4.3
入境旅游									
接待海外旅游人数									
外国人	63.8	80.4	84.4	85.9	86.0	85.1	77.4	78.6	81.3
港澳台同胞	34.7	17.5	15.6	14.1	14.0	14.9	22.6	21.4	18.7
科　技									
研究与试验发展（R&D）人员折合全时当量									
基础研究				12.9	15.2	16.8	22.3	22.6	22.9
应用研究				29.8	27.1	25.1	28.3	29.5	28.8
试验发展				57.3	57.7	58.1	49.4	47.8	48.3
研究与试验发展（R&D）经费内部支出									
基础研究				10.1	11.6	13.8	16.0	16.6	16.0
应用研究				27.8	26.4	23.0	24.5	25.7	25.5
试验发展				53.1	62.0	63.2	59.4	57.7	58.4
教　育									
在校学生									
#普通本专科		7.7	12.3	23.7	17.5	15.9	14.6	15.0	15.6
中等教育		35.1	42.3	37.9	22.1	15.7	14.0	15.1	16.3
小学教育		42.3	32.3	21.8	19.8	22.8	24.6	26.9	29.4
专任教师									
#高等教育		22.7	22.2	32.7	35.9	30.3	28.5	28.2	28.2
中等教育		38.6	40.5	33.6	29.1	32.0	31.6	31.3	31.8
小学教育		37.9	36.8	25.3	23.9	22.1	22.0	22.2	22.3
卫　生									
卫生技术人员									
#执业（助理）医师	45.6	46.7	44.6	42.4	38.6	37.6	39.0	38.8	39.0
注册护士	31.0	31.7	34.5	35.7	39.3	44.6	44.3	44.3	44.5

1-4 国民经济和社会发展比例和效益指标

项目		2023	2022
人口与就业			
出生率	(‰)	5.63	5.67
死亡率	(‰)	6.13	5.72
自然增长率	(‰)	-0.50	-0.05
少儿抚养比	(%)	16.65	16.60
老年抚养比	(%)	22.01	20.76
城镇调查失业率	(%)	4.4	4.7
国民经济核算			
人均地区生产总值	(元)	200278	189988
社会劳动生产率	(元/人)	387074	362786
第一产业		42965	42798
第二产业		353691	350165
第三产业		402926	374328
人民生活			
城镇与农村居民收入比例			
(以农村居民人均可支配收入为1)		2.37	2.42
能源消费			
能源消费弹性系数		1.90	0.00
电力消费弹性系数		1.17	5.39
万元地区生产总值能耗(可比价格)	(吨标准煤)	0.183	0.175
万元地区生产总值水耗(当年价格)	(立方米)	9.30	9.64
对外经济贸易			
进出口总值与地区生产总值之比(按人民币计算)	(%)	83.33	87.73

注:1. 人口相关指标为常住人口口径。
2. 城镇调查失业率数据为年度均值。

1-4 续表

项 目		2023	2022
工业（规模以上企业）			
资产负债率	（%）	44.65	44.40
流动资产周转率	（次）	0.95	1.01
成本费用利润率	（%）	6.07	7.64
建筑业			
产值竣工率	（%）	52.4	49.8
面积竣工率	（%）	15.7	15.4
邮电通信业			
移动电话普及率	（户/百人）	184.0	179.8
固定电话主线普及率	（线/百人）	21.4	21.7
科 技			
研究与试验发展经费内部支出			
相当于地区生产总值比例	（%）	6.73	6.84
教 育			
平均每一专任教师负担学生数			
#普通中学	（人）	9.2	8.8
小学学校	（人）	14.7	14.1
文 化			
每万人拥有公共图书馆	（个）	0.01	0.01
每万人拥有博物馆	（个）	0.10	0.10
卫 生			
每千常住人口医院床位数	（张）	5.99	5.78
每千常住人口执业（助理）医师数	（人）	6.12	5.72

1-5 北京一日

项　　目		2023	2022
每日创造			
地区生产总值	（万元/日）	1198923.3	1138105.8
第一产业		2889.9	3054.5
第二产业		178783.3	181797.8
第三产业		1017250.1	953253.4
一般公共预算收入	（万元/日）	169345.1	156557.8
一般公共预算支出	（万元/日）	218390.3	204634.4
发电量	（万千瓦时/日）	12462.3	12326.6
汽车生产量	（辆/日）	2747	2386
移动电话机生产量	（台/日）	281829	258343
显示器生产量	（台/日）	5860	6401
公共汽电车客运量	（万人次/日）	571.7	472.8
城市轨道交通客运量	（万人次/日）	946.2	620.1
铁路客运量	（万人/日）	41.2	10.7
公路客运量	（万人/日）	70.5	57.8
民航客运量	（万人/日）	24.6	8.2
国际旅游收入	（万美元/日）	454.8	120.8
国内旅游收入	（万元/日）	157019.2	68244.4
地区货物出口值	（万元/日）	164385.0	161370.5
地区货物进口值	（万元/日）	834692.2	837136.5
实际利用外商直接投资额	（万美元/日）	3757.3	4769.2
每日生活			
社会消费品零售总额	（万元/日）	396237.3	377924.5
吃类商品		86390.6	77599.7
穿类商品		21394.5	18000.3
用类商品		271512.3	266401.0
烧类商品		16939.8	15923.5
常住出生人口	（人/日）	337	340
常住死亡人口	（人/日）	367	343
登记结婚对数	（对/日）	376	250
离婚对数	（对/日）	151	121
全市居民人均可支配收入	（元/日）	224.0	212.1
全市居民人均消费支出	（元/日）	130.4	116.9
法人单位从业人员平均工资	（元/日）	516.2	489.0
电影放映场次	（场次/日）	9259	7201
特快专递业务量	（万件/日）	622.2	536.0
城乡居民生活用电量	（万千瓦时/日）	9166.5	8792.4
居民家庭用天然气销售量	（万立方米/日）	543.3	560.8
自来水销售总量	（万立方米/日）	350.2	337.7
污水处理量	（万立方米/日）	630.4	608.5
生活垃圾清运量	（万吨/日）	2.1	2.0

注：离婚对数包括在民政部门登记的对数和经法院调离或判离的对数。

2024
北京区域统计年鉴

第二章

BEIJING AREA
STATISTICAL YEARBOOK

各区历史数据

简要说明

一、本章资料的主要内容

本章主要包括全市及各区近年人口、地区生产总值、一般公共预算收支、固定资产投资、社会消费品零售总额、农林牧渔业总产值、规模以上工业总产值、建筑业总产值、外商投资、居民收支、在校学生和幼儿数、卫生、社会保险等指标数据。

二、本章资料的数据来源

户籍人口数据来自北京市公安局;财政收支数据来自北京市财政局;外商投资数据来自北京市商务局;在校生和幼儿数据来自北京市教育委员会;卫生数据来自北京市卫生健康委员会;城乡居民收支数据来自国家统计局北京调查总队;养老保险数据来自北京市人力资源和社会保障局;医疗保险数据来自北京市医疗保障局;其他数据来自北京市统计局。

三、有关统计标准变化和调整的说明

自2009年起，社会消费品零售总额按产业在地口径核算。

自2011年起，根据国家统计局规定，固定资产投资统计起点由50万元调整至500万元。

自2011年起，规模以上工业总产值调整为年主营业务收入2000万元及以上的全部工业法人企业。

按照国家统计局要求，自2015年起北京根据城乡一体化改革后新口径发布全市和分城乡的居民收支数据。

2016年按照国家统计局统一部署，开始实施地区研发支出核算方法改革，将研发支出未计入地区生产总值部分进行补充核算。

四、本章中关于历史数据调整的问题

2018年北京市第四次全国经济普查后，根据普查结果对地区生产总值、能源消费、社会消费品零售总额等相关历史数据进行了修订。

2020年北京市第七次全国人口普查后，根据普查结果对2011-2019年人口数据进行了修订。

2-1 常住人口（2014-2023年）

单位：万人

各　区	2014	2015	2016	2017	2018	2019	2020	2021	2022	2023
全　市	**2171.1**	**2188.3**	**2195.4**	**2194.4**	**2191.7**	**2190.1**	**2189.0**	**2188.6**	**2184.3**	**2185.8**
东 城 区	91.2	90.0	86.4	82.8	79.2	75.3	70.9	70.8	70.4	70.3
西 城 区	131.2	131.0	127.3	123.3	119.7	115.3	110.6	110.4	110.0	109.9
朝 阳 区	398.0	399.0	389.3	379.1	369.3	357.5	345.1	344.9	344.2	344.6
丰 台 区	236.3	238.4	232.4	225.8	219.0	211.1	201.9	201.5	201.2	201.1
石景山区	66.8	66.9	65.3	63.3	61.4	59.4	56.8	56.6	56.3	56.4
海 淀 区	370.0	372.1	364.0	352.4	341.5	329.0	313.2	313.0	312.4	312.5
门头沟区	31.8	32.2	32.8	34.2	35.7	37.3	39.3	39.6	39.6	39.7
房 山 区	103.6	104.0	108.9	114.5	118.5	124.8	131.3	131.3	131.1	131.2
通 州 区	136.5	139.4	145.9	154.5	163.3	173.2	184.0	184.3	184.3	184.5
顺 义 区	101.0	102.9	108.9	114.5	119.6	125.7	132.4	132.6	132.5	132.7
昌 平 区	191.2	196.5	202.2	207.6	213.6	219.5	226.9	227.0	226.7	227.2
大 兴 区	154.4	156.3	169.7	176.3	181.2	189.8	199.4	199.5	199.1	199.4
怀 柔 区	38.1	38.6	39.6	40.8	41.9	42.7	44.1	44.1	43.9	44.0
平 谷 区	41.9	41.9	42.5	43.3	44.2	44.5	45.7	45.7	45.6	45.6
密 云 区	48.3	48.6	48.9	49.7	50.6	51.5	52.8	52.7	52.6	52.4
延 庆 区	30.8	30.5	31.3	32.3	33.0	33.5	34.6	34.6	34.4	34.3

注：本表2014-2019年数据根据年度人口抽样调查数据推算，并根据2010年和2020年两次人口普查结果进行了修订；2020年为北京市第七次全国人口普查推算数；2021-2023年为年度人口抽样调查推算数，下同。

2-2 常住外来人口（2014-2023年）

单位：万人

各　区	2014	2015	2016	2017	2018	2019	2020	2021	2022	2023
全　市	**858.3**	**862.5**	**858.8**	**855.5**	**848.2**	**843.5**	**839.6**	**834.8**	**825.1**	**824.0**
东 城 区	21.9	21.3	19.9	18.6	17.6	16.6	15.7	15.5	14.9	14.9
西 城 区	36.3	34.6	33.3	32.3	26.2	25.3	24.1	23.4	22.0	21.8
朝 阳 区	174.0	175.5	163.4	155.7	146.4	138.9	127.6	126.1	124.3	124.5
丰 台 区	87.8	86.1	82.6	78.2	74.1	69.3	64.2	63.6	62.8	62.7
石景山区	22.6	22.5	22.3	21.8	19.8	18.4	16.6	16.3	15.6	15.6
海 淀 区	147.9	143.1	132.5	120.0	117.3	117.5	108.4	107.1	105.9	105.0
门头沟区	6.3	6.2	7.5	7.9	8.8	10.2	11.5	11.6	11.5	11.6
房 山 区	30.9	32.1	34.0	37.5	39.6	41.2	44.0	44.1	43.8	44.3
通 州 区	63.3	64.4	67.7	73.2	83.0	82.9	90.4	89.9	89.9	89.1
顺 义 区	42.4	43.7	47.7	51.9	54.1	57.4	60.2	60.3	60.1	60.2
昌 平 区	107.2	112.7	116.3	120.2	126.1	126.1	131.8	132.1	131.9	132.6
大 兴 区	85.9	87.1	96.3	99.9	95.5	100.1	102.4	102.2	101.6	101.0
怀 柔 区	12.0	12.9	13.5	14.2	14.2	14.1	15.6	15.6	15.2	15.3
平 谷 区	7.0	7.2	7.8	8.6	8.1	7.8	7.8	7.8	7.2	7.2
密 云 区	8.3	8.3	8.6	9.3	10.1	10.5	11.2	11.1	10.8	10.7
延 庆 区	4.5	4.8	5.4	6.2	7.3	7.2	8.1	8.1	7.6	7.5

2-3 户籍人口（2014–2023年）

单位：万人

各　区	2014	2015	2016	2017	2018	2019	2020	2021	2022	2023
全　市	**1333.4**	**1345.2**	**1362.9**	**1359.2**	**1375.8**	**1397.4**	**1400.8**	**1413.5**	**1427.7**	**1431.2**
东 城 区	98.0	97.4	97.4	96.7	97.4	98.8	98.0	98.7	99.8	99.6
西 城 区	142.9	145.2	146.5	145.0	146.5	150.4	149.1	150.7	152.4	152.6
朝 阳 区	204.2	207.4	210.9	209.8	211.7	214.9	214.8	216.2	218.9	219.3
丰 台 区	112.8	113.7	115.3	113.9	115.0	116.6	117.1	118.1	119.5	119.5
石景山区	38.0	38.3	38.7	38.2	38.6	39.0	38.9	39.0	39.3	39.3
海 淀 区	238.5	239.5	240.2	235.4	238.8	241.1	240.9	244.1	245.5	246.9
门头沟区	24.9	24.9	25.1	24.9	25.1	25.4	25.5	25.7	25.9	25.8
房 山 区	79.4	79.9	81.3	81.9	83.0	84.1	84.5	84.7	85.2	84.9
通 州 区	70.5	71.8	74.7	76.9	78.7	80.8	82.0	83.5	84.9	86.0
顺 义 区	60.9	61.5	62.7	63.5	64.5	65.5	66.2	66.6	67.2	67.5
昌 平 区	58.5	59.5	61.1	61.9	63.5	65.0	66.5	67.4	68.5	69.1
大 兴 区	65.1	66.3	68.4	69.9	71.6	73.4	74.8	76.3	77.7	78.8
怀 柔 区	28.1	28.2	28.3	28.4	28.5	28.7	28.7	28.7	28.8	28.7
平 谷 区	40.1	40.1	40.2	40.4	40.6	40.9	40.9	40.8	40.8	40.6
密 云 区	43.3	43.3	43.6	43.7	43.8	44.1	44.1	44.1	44.1	43.8
延 庆 区	28.2	28.2	28.4	28.5	28.7	28.9	28.9	29.0	29.0	28.9

资料来源：北京市公安局。

2-4　地区生产总值（2014-2023年）

单位：亿元

各　区	2014	2015	2016	2017	2018	2019	2020	2021	2022	2023
全　市	**22926.0**	**24779.1**	**27041.2**	**29883.0**	**33106.0**	**35445.1**	**35943.3**	**41045.6**	**41540.9**	**43760.7**
东 城 区	1915.5	2099.2	2280.1	2508.3	2727.1	2910.4	2937.0	3236.7	3391.1	3574.3
西 城 区	3229.1	3553.2	3881.8	4265.7	4692.3	5007.3	5002.7	5444.6	5645.0	6002.7
朝 阳 区	4704.0	5073.0	5516.2	6079.9	6668.2	7116.4	7037.1	7796.9	7920.0	8387.2
丰 台 区	1180.7	1283.7	1399.1	1557.9	1710.9	1829.6	1848.5	2023.5	2048.0	2187.5
石景山区	481.8	532.3	592.9	667.3	748.8	808.0	862.6	980.4	1000.0	1074.8
海 淀 区	4968.2	5359.7	5908.0	6594.3	7369.1	7954.6	8492.0	9800.2	10348.1	11020.2
门头沟区	154.1	171.0	188.4	208.4	232.4	249.3	249.1	267.1	268.3	281.1
房 山 区	526.3	568.4	614.3	681.7	767.0	811.0	750.2	815.4	852.9	884.8
通 州 区	647.3	689.7	761.4	852.2	986.7	1059.3	1110.5	1208.5	1235.7	1303.6
顺 义 区	1358.4	1471.5	1600.7	1715.9	1876.0	1993.0	1849.3	2036.4	2051.2	2203.6
昌 平 区	693.6	755.1	815.4	906.3	997.9	1082.5	1151.8	1314.9	1338.2	1424.6
大 兴 区	564.9	614.2	678.7	759.5	846.6	907.6	931.0	1523.0	1078.3	1041.1
怀 柔 区	256.4	281.3	304.9	336.0	375.0	399.9	399.1	433.3	450.8	482.6
平 谷 区	194.4	214.3	233.1	252.5	276.3	293.6	321.9	374.6	411.5	451.6
密 云 区	215.6	234.9	255.0	287.8	317.5	341.0	333.4	356.4	356.7	374.0
延 庆 区	115.6	127.4	139.5	158.6	179.3	195.3	195.7	201.0	207.4	224.1
北京经济技术开发区	1186.5	1295.2	1409.6	1572.8	1793.5	1932.8	2040.3	2766.2	2532.4	2501.9

注：1. 表内数据按当年价格计算。

2. 地区生产总值分区数据之和不等于全市是由于各区中扣除了划归市一级核算的部分。

3. 2023年为初步核算数。

2-5　一般公共预算收入（2014–2023年）

单位：亿元

各　区	2014	2015	2016	2017	2018	2019	2020	2021	2022	2023
全　市	**4027.16**	**4723.86**	**5081.26**	**5430.79**	**5785.92**	**5817.10**	**5483.89**	**5932.31**	**5714.36**	**6181.10**
东城区	155.95	164.56	166.34	172.17	175.62	189.70	181.41	195.50	184.90	200.50
西城区	372.76	451.41	413.81	422.12	430.85	431.11	413.84	428.07	415.94	452.68
朝阳区	411.83	447.98	477.13	508.17	533.68	535.55	511.64	543.41	503.04	563.49
丰台区	86.14	94.49	104.59	113.11	121.60	127.70	129.88	145.19	137.60	155.79
石景山区	37.97	45.09	52.07	56.44	62.14	63.43	65.68	73.33	73.79	80.21
海淀区	316.16	357.50	386.11	416.92	446.01	446.50	453.87	490.20	490.51	548.92
门头沟区	22.03	26.07	27.79	29.63	31.58	33.65	32.06	31.02	31.97	30.55
房山区	45.60	50.15	53.70	60.25	64.65	70.06	75.02	85.53	92.62	96.08
通州区	60.86	70.80	76.51	79.23	83.07	88.73	78.73	92.41	89.43	94.11
顺义区	110.62	124.76	137.86	148.88	159.30	165.70	170.98	171.18	169.03	174.97
昌平区	66.28	73.05	78.28	84.34	94.99	105.57	110.93	122.79	135.19	148.66
大兴区	61.52	71.25	77.72	84.71	92.35	102.51	104.05	114.03	104.43	105.10
怀柔区	30.34	33.38	35.65	37.98	40.48	43.11	43.43	45.82	43.47	42.49
平谷区	26.55	27.93	27.95	29.63	30.05	24.22	25.62	26.65	27.57	40.17
密云区	27.79	29.50	31.17	33.04	36.30	37.46	39.31	40.98	39.69	41.31
延庆区	11.02	13.50	13.61	16.16	19.17	21.45	22.76	23.45	24.29	25.13

注：各区一般公共预算收入为区级口径，故分区数据之和不等于全市。

资料来源：北京市财政局。

2-6　一般公共预算支出（2014–2023年）

单位：亿元

各　区	2014	2015	2016	2017	2018	2019	2020	2021	2022	2023
全　市	**4524.67**	**5737.70**	**6406.77**	**6824.53**	**7471.43**	**7408.19**	**7116.18**	**7205.12**	**7469.15**	**7971.25**
东 城 区	195.37	237.16	237.54	243.83	251.57	259.32	268.70	282.74	249.91	292.25
西 城 区	318.46	474.91	426.09	430.77	429.71	427.80	418.00	414.45	434.97	420.37
朝 阳 区	380.79	443.65	453.03	513.38	563.22	658.01	503.39	557.31	562.36	547.79
丰 台 区	152.92	207.93	194.11	227.41	247.75	252.70	279.65	262.80	278.72	289.17
石景山区	68.83	91.33	97.97	98.65	124.57	117.03	113.93	125.50	121.30	164.47
海 淀 区	393.62	496.71	577.40	619.07	659.32	697.03	612.67	636.97	664.10	726.25
门头沟区	68.89	93.31	87.52	95.21	106.34	110.91	106.89	100.70	95.37	120.95
房 山 区	154.12	183.57	224.20	217.71	258.73	249.40	253.99	243.61	242.03	260.13
通 州 区	131.84	198.31	338.44	320.65	405.40	359.80	306.89	330.29	306.25	395.11
顺 义 区	167.84	225.11	239.09	243.10	315.01	305.87	315.36	309.28	325.48	296.11
昌 平 区	138.44	185.74	160.29	184.70	192.03	223.29	265.16	244.97	270.73	274.16
大 兴 区	159.66	291.80	239.45	229.02	259.92	256.33	297.43	286.82	292.14	295.64
怀 柔 区	97.89	106.98	107.44	135.10	153.37	147.24	149.66	147.27	120.67	129.88
平 谷 区	83.25	107.25	121.23	131.17	132.31	127.06	119.53	126.97	124.09	127.39
密 云 区	95.59	110.21	113.51	150.92	180.68	163.68	171.29	154.08	138.12	159.41
延 庆 区	74.10	83.83	92.47	121.59	140.12	128.31	139.10	125.95	122.19	127.89

注：各区一般公共预算支出为区级口径，故分区数据之和不等于全市。

资料来源：北京市财政局。

2-7 固定资产投资（2014–2023年）

单位：亿元

各　区	2014	2015	2016	2017	2018年增长速度（%）	2019年增长速度（%）	2020年增长速度（%）	2021年增长速度（%）	2022年增长速度（%）	2023年增长速度（%）
全　市	**7562.3**	**7990.9**	**8461.7**	**8948.1**	**-9.9**	**-2.4**	**2.2**	**4.9**	**3.6**	**4.9**
东城区	214.7	235.2	264.6	284.7	1.2	-8.8	-15.3	2.7	25.9	-9.4
西城区	241.2	246.0	252.7	296.8	-20.4	-20.1	62.0	-4.5	-6.5	12.2
朝阳区	1235.4	1238.7	1257.9	1356.1	-7.5	-8.6	-18.3	11.8	13.0	7.3
丰台区	812.3	862.3	960.9	983.5	-23.7	-6.1	4.4	7.2	-20.2	19.6
石景山区	184.1	201.3	225.6	271.0	1.1	6.1	20.8	17.0	7.3	4.6
海淀区	841.7	870.5	872.5	1005.7	-5.9	2.1	7.2	10.8	5.2	7.9
门头沟区	267.8	292.1	338.3	380.2	-65.1	1.9	11.7	7.0	6.7	5.9
房山区	505.8	532.3	536.9	547.9	-34.4	15.0	-19.5	5.2	5.7	4.6
通州区	687.7	800.8	939.9	1054.5	-21.8	15.5	8.7	-2.6	0.5	-0.5
顺义区	432.3	465.2	485.0	516.2	-10.3	2.2	3.9	2.6	6.8	10.3
昌平区	614.5	581.1	594.5	546.3	-14.9	0.2	5.1	12.6	7.5	8.4
大兴区	556.7	811.3	827.3	818.7	25.4	-14.5	10.7	1.8	3.9	4.6
怀柔区	167.1	130.9	121.1	141.6	5.8	15.6	25.5	17.9	5.2	4.1
平谷区	162.7	146.9	164.7	101.4	31.5	-4.2	4.1	-28.7	5.5	40.1
密云区	177.3	107.6	126.0	130.9	8.9	-7.0	-1.4	7.9	-7.8	-9.9
延庆区	69.9	71.2	107.2	154.1	77.1	7.3	-30.8	-52.2	-0.6	-15.5
北京经济技术开发区	391.0	397.6	386.7	358.5	-6.4	-6.6	25.4	17.1	10.7	-17.4

注：1. 本表按项目所在建设地地址划分。
2. 本表2014-2018年为全社会固定资产投资口径，自2019年起增长速度为固定资产投资（不含农户）口径。

2-8 社会消费品零售总额（2014–2023年）

单位：亿元

各 区	2014	2015	2016	2017	2018	2019	2020	2021	2022	2023
全 市	**11354.0**	**12271.9**	**13134.9**	**13933.7**	**14422.3**	**15063.7**	**13716.4**	**14867.7**	**13794.2**	**14462.7**
东城区	990.2	1075.4	1146.3	1211.8	1257.1	1319.5	1213.5	1303.3	1227.9	1322.9
西城区	872.6	922.9	977.5	1023.4	1053.7	1095.5	993.5	1089.4	987.3	1059.2
朝阳区	2817.3	3000.5	3182.5	3337.1	3407.2	3525.3	3221.7	3554.2	3179.8	3355.5
丰台区	1095.1	1184.2	1269.3	1349.3	1401.4	1463.9	1318.9	1418.1	1328.8	1361.3
石景山区	309.7	344.1	374.9	400.1	416.3	435.7	399.5	439.9	393.0	325.1
海淀区	2340.6	2518.5	2674.7	2813.3	2873.1	2972.6	2718.1	2920.8	2716.5	2849.6
门头沟区	74.7	82.2	89.2	96.7	103.5	109.5	101.2	113.0	108.8	113.5
房山区	252.8	278.2	303.3	330.6	354.5	375.6	341.3	373.9	349.1	367.7
通州区	393.3	436.1	478.8	521.6	552.2	590.7	529.3	563.6	539.6	563.5
顺义区	441.5	484.5	526.6	568.8	603.6	637.8	562.5	609.0	576.7	633.6
昌平区	527.9	575.7	622.9	677.1	708.5	743.7	670.0	711.6	683.6	724.1
大兴区	447.0	502.3	550.6	598.4	643.6	684.0	618.6	673.1	640.1	707.1
怀柔区	144.4	160.7	177.0	193.9	208.2	220.2	203.1	228.1	230.3	234.2
平谷区	111.2	123.0	134.8	146.2	156.6	166.2	156.2	159.8	154.8	161.0
密云区	119.6	130.0	140.6	151.1	161.4	174.3	160.9	169.4	162.8	182.7
延庆区	75.4	81.7	88.1	94.8	100.2	108.0	99.7	109.1	104.1	109.9
北京经济技术开发区	340.6	371.9	398.0	419.6	421.1	441.1	408.3	431.4	410.7	391.9

注：本表社会消费品零售总额按产业在地口径核算。

2-9　农林牧渔业总产值（2014–2023年）

单位：亿元

各　区	2014	2015	2016	2017	2018	2019	2020	2021	2022	2023
全　市	**420.1**	**368.2**	**338.1**	**308.3**	**296.8**	**281.7**	**263.4**	**269.5**	**268.2**	**252.6**
朝阳区	4.3	3.5	3.2	3.3	5.0	7.5	6.1	6.3	6.6	5.5
丰台区	2.5	1.9	1.7	2.1	2.2	2.0	1.6	1.7	1.8	1.8
海淀区	5.9	5.3	5.2	4.4	4.3	4.3	3.9	4.3	4.6	3.3
门头沟区	3.5	2.4	2.5	2.7	7.6	6.8	4.8	3.7	3.4	2.3
房山区	52.5	40.2	38.2	35.7	33.8	33.3	33.3	32.1	27.0	22.4
通州区	57.8	50.1	42.4	40.8	39.6	30.3	30.8	31.1	31.3	30.4
顺义区	68.5	58.1	53.4	48.3	46.3	43.4	42.9	44.0	43.9	37.9
昌平区	25.8	22.1	20.7	20.3	18.9	23.2	20.3	18.3	15.8	16.4
大兴区	63.2	55.9	48.8	40.8	31.7	27.7	30.5	32.8	34.3	33.0
怀柔区	20.4	17.7	15.2	15.4	14.9	14.5	9.7	10.0	12.0	9.1
平谷区	48.2	46.7	45.0	39.8	39.5	35.8	32.9	35.0	34.7	39.4
密云区	41.6	41.9	40.9	35.8	32.7	33.2	30.3	33.5	33.5	33.5
延庆区	24.1	20.6	19.3	17.7	20.0	18.9	15.6	15.6	18.5	16.2

注：全市农林牧渔业总产值中包括远洋捕捞数据，各区不包括远洋捕捞数据，故分区数据之和不等于全市。

2–10 规模以上工业总产值（2014–2023年）

单位：亿元

各　区	2014	2015	2016	2017	2018	2019	2020	2021	2022	2023
全　市	**18452.9**	**17449.6**	**18087.3**	**18901.1**	**19669.0**	**20386.1**	**20879.3**	**24988.1**	**23870.0**	**24652.2**
东城区	161.6	203.0	195.9	200.2	216.2	227.0	97.2	94.0	93.6	68.0
西城区	965.8	1067.2	1096.0	1145.7	583.1	575.9	544.5	592.5	625.4	610.2
朝阳区	1006.8	723.4	816.3	715.4	751.9	787.8	764.3	770.5	796.3	780.8
丰台区	434.2	452.5	446.5	437.6	453.2	468.4	519.9	545.0	511.1	511.2
石景山区	241.4	226.9	213.5	222.4	210.8	234.6	265.4	306.5	251.8	193.1
海淀区	2211.2	2216.5	2108.6	2387.6	2517.8	2577.0	2634.1	3440.8	3057.7	3017.0
门头沟区	98.5	86.5	77.0	84.3	76.8	55.5	54.6	54.8	57.2	58.2
房山区	1064.7	833.0	751.2	895.2	1002.0	928.2	738.4	894.0	1017.7	1071.3
通州区	691.1	618.9	644.0	641.2	620.6	616.6	585.6	634.1	610.5	640.7
顺义区	2983.6	2828.4	3008.6	2192.1	1913.5	1659.2	1488.2	1569.6	1540.7	1733.9
昌平区	1133.7	804.9	891.2	1099.1	1070.8	1205.0	1522.6	1316.0	1364.9	1401.2
大兴区	664.6	694.5	771.8	811.9	825.6	820.0	904.9	2271.6	1032.9	878.3
怀柔区	552.7	451.4	491.9	636.0	612.4	576.3	686.0	610.5	448.5	545.4
平谷区	253.9	244.8	246.8	189.0	167.3	144.6	142.9	162.8	180.9	232.1
密云区	309.0	284.4	331.8	305.8	278.8	292.4	231.0	234.5	229.0	234.3
延庆区	69.3	53.9	71.5	79.0	90.6	110.2	144.3	138.2	140.2	163.6
北京经济技术开发区	2421.0	2555.5	2842.5	3424.9	3713.7	4125.2	4467.9	5712.1	5128.7	4967.2

注：国家电网公司、国网冀北电力有限公司、国网北京市电力公司的工业总产值由北京市统计局统一核算，故分区数据之和不等于全市。

2-11 建筑业总产值（2014-2023年）

单位：亿元

各 区	2014	2015	2016	2017	2018	2019	2020	2021	2022	2023
全 市	**8209.8**	**8436.7**	**8841.2**	**9736.7**	**10939.8**	**11999.4**	**12905.9**	**13987.7**	**13726.8**	**14318.5**
东城区	513.3	552.8	628.4	674.8	809.6	896.3	947.6	998.1	823.7	679.0
西城区	661.2	584.1	646.3	736.1	692.8	750.7	799.6	842.8	863.0	783.0
朝阳区	1066.7	1073.6	1155.1	1329.3	1556.9	1699.8	1892.1	2146.1	1880.7	1979.5
丰台区	1184.5	1280.3	1516.3	1627.1	1917.1	2487.8	2301.9	2765.6	2752.6	2878.6
石景山区	460.2	454.5	429.4	471.8	519.8	605.1	826.9	906.9	852.2	848.1
海淀区	1528.0	1649.9	1610.8	1835.4	1970.0	1931.2	2025.2	1436.5	1544.1	1556.5
门头沟区	84.4	92.6	93.5	103.4	133.0	150.7	130.5	138.2	166.4	218.0
房山区	364.6	346.3	349.5	356.4	414.5	141.2	138.2	141.2	143.0	184.2
通州区	923.7	1016.6	1064.5	1175.4	1267.4	1414.4	1627.4	2011.6	2168.0	2329.0
顺义区	307.5	296.8	306.7	374.7	453.7	488.3	586.8	639.6	467.2	505.8
昌平区	219.8	179.3	184.9	189.7	206.6	240.5	177.1	282.7	265.2	306.9
大兴区	308.1	326.4	343.0	333.3	380.3	507.5	495.3	580.4	551.9	723.1
怀柔区	77.8	77.1	82.1	89.3	88.7	113.9	128.4	151.9	161.5	199.5
平谷区	87.9	74.3	82.9	68.0	76.3	82.3	83.5	99.1	101.4	95.5
密云区	120.5	117.0	94.5	109.2	133.3	170.2	174.0	230.0	185.1	182.3
延庆区	60.8	56.7	46.0	59.2	44.6	45.3	45.6	42.9	24.3	61.4
北京经济技术开发区	240.8	258.4	207.4	203.6	275.1	274.2	525.7	574.3	776.5	788.0

注：1. 本表统计范围为施工总承包、专业承包建筑业企业。
2. 按照国家统计局统一要求，本表2022年数据进行了修订。

2-12　实际利用外商直接投资额（2019-2023年）

单位：万美元

各　区	2019	2020	2021	2022	2023
全　市	**1362385**	**1339335**	**1443424**	**1740768**	**1371411**
东城区	62030	57829	62578	67273	33316
西城区	9731	22386	31151	130443	11728
朝阳区	409288	453713	477916	631112	310467
丰台区	10532	11463	13393	17946	13120
石景山区	41753	39075	23291	33567	12295
海淀区	609562	565202	624338	637095	654388
门头沟区	3462	4220	7613	2919	1718
房山区	764	2145	9702	3002	16160
通州区	60007	56527	40685	8308	19811
顺义区	73205	60754	72691	88049	74586
昌平区	10071	16195	15028	36919	42029
大兴区		4776	11049	15194	8368
怀柔区	7204	7119	7865	16426	2060
平谷区	5013	5002	5080	8340	57052
密云区	1290	1660	3665	3787	1567
延庆区	2799	304	939	1173	1952
北京经济技术开发区	55674	30965	36440	39215	110794

资料来源：北京市商务局。

2-13 居民人均可支配收入（2015-2023年）

单位：元

各 区	2015	2016	2017	2018	2019	2020	2021	2022	2023
全 市	**48458**	**52530**	**57230**	**62361**	**67756**	**69434**	**75002**	**77415**	**81752**
东城区	61764	66084	70289	75547	81592	83501	89804	92040	96429
西城区	67492	71863	76511	81678	88291	90286	96949	99276	104187
朝阳区	55450	60056	64841	70746	76936	78721	84770	86981	92501
丰台区	47127	51173	55871	60144	65215	66799	72170	74365	79326
石景山区	56304	60980	66112	71244	76990	78656	84666	86994	91354
海淀区	62325	67022	71986	78178	84733	86742	93478	96153	101315
门头沟区	39037	42293	45881	49298	53743	55102	59336	61323	64734
房山区	30656	33322	36289	39391	42823	44078	47594	49294	52384
通州区	31397	34097	37209	40553	44190	45845	49695	51618	55715
顺义区	28257	30808	33568	36575	39948	41803	45548	47590	51237
昌平区	35306	38350	41632	45399	49669	51587	56075	58483	63417
大兴区	33849	36718	39862	43464	47432	49206	53454	55804	59556
怀柔区	28595	30982	33764	36797	40067	41779	45292	47150	49796
平谷区	28367	30768	33414	36012	38949	40274	43602	45320	48175
密云区	27259	29490	32165	34951	38004	39282	42634	44271	46926
延庆区	26975	29157	31555	33887	36482	37385	40148	41206	43874

2-14 居民人均消费支出（2015–2023年）

单位：元

各　区	2015	2016	2017	2018	2019	2020	2021	2022	2023
全　市	**33803**	**35416**	**37425**	**39843**	**43038**	**38903**	**43640**	**42683**	**47586**
东城区	40865	43923	46154	49026	52715	46190	51918	52078	58393
西城区	43595	45329	46668	49642	53437	51466	57396	54809	60316
朝阳区	39660	40034	41579	44849	48174	44682	48922	45756	51817
丰台区	34240	37831	38127	40927	43468	38472	43334	44516	49840
石景山区	36789	38547	40767	43286	45904	40096	44790	44837	49699
海淀区	44626	46630	49458	52910	56630	51198	57482	56947	63084
门头沟区	28364	31083	31820	33805	36054	31889	35396	33854	37667
房山区	19955	21918	23180	24363	26134	25307	28108	28414	31856
通州区	22508	24505	26550	28696	31004	29697	33413	33143	37677
顺义区	18231	19716	21371	23118	25024	25743	29035	28256	32052
昌平区	25675	27842	30046	32469	35178	34962	39183	37389	41125
大兴区	23402	24976	26365	28564	30933	30123	33663	33621	36613
怀柔区	19569	21383	23088	25035	27070	27247	29889	28823	31256
平谷区	18990	20578	21670	23021	24712	24310	27270	27074	28976
密云区	18792	19538	20306	21772	23321	24264	27288	26575	29533
延庆区	18202	19732	21449	23023	24652	24770	26574	25825	28398

2–15 城镇居民人均可支配收入（2015–2023年）

单位：元

各　区	2015	2016	2017	2018	2019	2020	2021	2022	2023
全　市	**52859**	**57275**	**62406**	**67990**	**73849**	**75602**	**81518**	**84023**	**88650**
东 城 区	61764	66084	70289	75547	81592	83501	89804	92040	96429
西 城 区	67492	71863	76511	81678	88291	90286	96949	99276	104187
朝 阳 区	55450	60056	64841	70746	76936	78721	84770	86981	92501
丰 台 区	47127	51173	55871	60144	65215	66799	72170	74365	79326
石景山区	56304	60980	66112	71244	76990	78656	84666	86994	91354
海 淀 区	62325	67022	71986	78178	84733	86742	93478	96153	101315
门头沟区	42350	45872	49682	53227	57892	59360	63940	65981	69531
房 山 区	36317	39486	42992	46503	50644	52288	56366	58251	61889
通 州 区	37608	40845	44607	48682	53088	55113	59674	61841	66586
顺 义 区	33394	36448	39736	43437	47496	49749	54193	56811	61151
昌 平 区	38794	42149	45735	49778	54248	56305	61137	63702	68940
大 兴 区	40598	43932	47572	51800	56450	58425	63257	65913	69340
怀 柔 区	33247	36013	39272	42853	46706	48663	52665	54668	57566
平 谷 区	35117	38080	41130	44402	48195	49782	53794	55801	59141
密 云 区	33878	36631	40031	43512	47231	48860	52875	54780	58024
延 庆 区	35603	38442	41599	44916	48701	50476	54214	55451	58507

2-16 城镇居民人均消费支出（2015-2023年）

单位：元

各　区	2015	2016	2017	2018	2019	2020	2021	2022	2023
全　市	**36642**	**38256**	**40346**	**42926**	**46358**	**41726**	**46776**	**45617**	**50897**
东城区	40865	43923	46154	49026	52715	46190	51918	52078	58393
西城区	43595	45329	46668	49642	53437	51466	57396	54809	60316
朝阳区	39660	40034	41579	44849	48174	44682	48922	45756	51817
丰台区	34240	37831	38127	40927	43468	38472	43334	44516	49840
石景山区	36789	38547	40767	43286	45904	40096	44790	44837	49699
海淀区	44626	46630	49458	52910	56630	51198	57482	56947	63084
门头沟区	30012	32977	33910	36063	38100	33785	37504	35667	39566
房山区	22742	25105	26368	28337	30589	29447	32723	33019	37044
通州区	26944	29238	31701	34361	37187	34532	38857	38068	43426
顺义区	22174	23810	25928	28301	30627	31813	35842	33977	39324
昌平区	27340	29892	32030	34558	37335	36732	41431	39532	43255
大兴区	26798	28166	29710	32033	34663	34271	38306	38361	41091
怀柔区	21720	23633	25415	27642	29886	31708	34577	32966	35900
平谷区	22519	24539	25225	27182	29424	28187	31609	30500	33373
密云区	22741	23020	23849	25575	27620	29046	32665	31528	35717
延庆区	22882	24809	27109	29238	31422	30767	33016	32202	34860

2-17　普通中学在校生数（2014–2023年）

单位：万人

各　区	2014	2015	2016	2017	2018	2019	2020	2021	2022	2023
全　市	**48.43**	**45.28**	**43.14**	**43.04**	**43.44**	**46.16**	**49.06**	**52.57**	**55.47**	**58.78**
东 城 区	4.07	3.81	3.62	3.60	3.56	3.73	3.92	4.24	4.48	4.77
西 城 区	5.02	4.65	4.41	4.50	4.62	4.99	5.45	6.03	6.66	7.22
朝 阳 区	5.43	5.15	4.90	4.83	4.88	5.40	6.02	6.58	7.04	7.67
丰 台 区	3.06	2.80	2.49	2.23	2.21	2.42	2.72	2.98	3.14	3.32
石景山区	1.47	1.30	1.20	1.13	1.08	1.13	1.20	1.29	1.35	1.42
海 淀 区	10.32	9.78	9.54	9.90	10.03	10.62	11.01	11.76	12.31	12.73
门头沟区	0.72	0.69	0.68	0.67	0.68	0.70	0.74	0.77	0.79	0.84
房 山 区	2.74	2.58	2.46	2.45	2.50	2.65	2.75	2.84	2.91	3.02
通 州 区	2.72	2.55	2.50	2.49	2.55	2.72	2.94	3.19	3.42	3.74
顺 义 区	2.79	2.68	2.61	2.59	2.58	2.64	2.69	2.74	2.75	2.91
昌 平 区	2.45	2.25	2.13	2.10	2.13	2.24	2.31	2.41	2.54	2.74
大 兴 区	2.72	2.52	2.31	2.27	2.30	2.42	2.62	2.83	3.11	3.39
怀 柔 区	1.11	1.03	0.98	0.95	0.95	0.97	1.04	1.11	1.14	1.16
平 谷 区	1.20	1.09	1.04	1.05	1.07	1.12	1.16	1.20	1.23	1.26
密 云 区	1.53	1.41	1.37	1.41	1.45	1.55	1.59	1.64	1.63	1.61
延 庆 区	1.09	0.97	0.90	0.86	0.85	0.86	0.90	0.95	0.97	0.98

注：普通中学统计范围为普通高中和普通初中。

资料来源：北京市教育委员会。

2–18 小学在校生数（2014–2023年）

单位：万人

各　区	2014	2015	2016	2017	2018	2019	2020	2021	2022	2023
全　市	**82.12**	**85.03**	**86.84**	**87.58**	**91.32**	**94.16**	**99.50**	**103.66**	**108.38**	**116.18**
东 城 区	5.08	5.30	5.46	5.56	5.93	6.16	6.55	6.94	7.27	7.77
西 城 区	6.45	6.93	7.38	7.75	8.50	9.06	9.92	10.82	11.55	12.47
朝 阳 区	12.80	13.29	13.57	13.70	14.25	14.70	15.58	16.29	16.79	17.63
丰 台 区	7.04	6.91	6.75	6.55	6.51	6.47	6.66	6.70	6.88	7.23
石景山区	2.35	2.38	2.35	2.28	2.31	2.35	2.41	2.49	2.58	2.76
海 淀 区	14.77	15.56	16.13	16.34	17.02	17.31	17.96	18.66	19.38	20.66
门头沟区	1.13	1.17	1.19	1.20	1.26	1.32	1.38	1.42	1.49	1.60
房 山 区	4.66	4.82	4.89	4.97	5.22	5.43	5.77	5.93	6.17	6.61
通 州 区	6.07	6.21	6.36	6.45	6.73	6.97	7.49	7.77	8.18	8.78
顺 义 区	4.10	4.28	4.45	4.64	4.89	5.04	5.37	5.55	5.84	6.27
昌 平 区	5.40	5.39	5.28	5.23	5.40	5.66	6.08	6.35	6.73	7.21
大 兴 区	5.62	5.93	6.09	6.01	6.26	6.57	6.97	7.31	7.78	8.64
怀 柔 区	1.65	1.70	1.70	1.69	1.72	1.73	1.76	1.76	1.81	1.93
平 谷 区	1.67	1.73	1.78	1.79	1.84	1.90	2.01	2.06	2.17	2.47
密 云 区	2.13	2.21	2.23	2.21	2.23	2.22	2.28	2.30	2.38	2.62
延 庆 区	1.19	1.23	1.23	1.23	1.25	1.27	1.32	1.32	1.38	1.53

资料来源：北京市教育委员会。

2-19 幼儿园在园幼儿数（2014–2023年）

单位：人

各区	2014	2015	2016	2017	2018	2019	2020	2021	2022	2023
全市	**364954**	**394121**	**416982**	**445535**	**450645**	**467595**	**525878**	**566735**	**574235**	**515267**
东城区	13193	14464	15628	16720	17012	17981	19582	19790	19455	16904
西城区	16698	17127	17483	19398	20721	21962	23498	25061	25168	22620
朝阳区	62329	66518	72166	78764	82723	84489	88926	96383	96096	84623
丰台区	40401	41724	43421	44323	42431	41797	45012	45752	45939	40853
石景山区	13409	14853	15238	15514	14430	14544	15361	17158	16523	14876
海淀区	58028	60442	62569	65545	66379	67482	72439	78210	80528	73555
门头沟区	5241	5943	6302	7101	7509	8318	9624	10755	10962	9893
房山区	28878	30280	27281	31537	31758	32673	33921	35580	35221	31750
通州区	25455	28817	30371	26721	26938	29797	51553	57823	58926	52219
顺义区	19184	22749	25246	28880	29234	29963	32365	34870	34875	31819
昌平区	23294	25854	29707	32005	32959	37551	44238	46533	47016	43399
大兴区	24965	28370	32082	35029	35620	36995	41995	46399	50420	46780
怀柔区	8642	9523	10125	10956	10431	10641	10988	11931	11712	10347
平谷区	8393	9098	10235	12028	12140	12586	14608	16043	16323	13798
密云区	10343	11316	11762	13151	13010	13206	13910	15436	15532	13218
延庆区	6501	7043	7366	7863	7350	7610	7858	9011	9539	8613

资料来源：北京市教育委员会。

2-20 医疗卫生机构数（2014-2023年）

单位：个

各 区	2014	2015	2016	2017	2018	2019	2020	2021	2022	2023
全 市	**10265**	**10425**	**10637**	**10986**	**11100**	**11340**	**11211**	**11727**	**12211**	**12518**
东城区	564	570	576	579	554	554	548	544	544	545
西城区	632	646	660	664	695	702	699	700	705	690
朝阳区	1337	1362	1438	1513	1641	1751	1729	1809	1910	1999
丰台区	549	554	550	539	527	535	548	556	563	564
石景山区	214	212	223	221	233	233	223	221	226	237
海淀区	1036	1053	1080	1126	1182	1257	1253	1361	1394	1448
门头沟区	260	259	252	247	257	265	266	272	272	264
房山区	989	984	971	991	1007	1038	1047	1044	1055	1062
通州区	615	611	609	609	616	616	599	609	626	620
顺义区	651	707	745	763	771	778	779	847	922	933
昌平区	865	907	958	1046	1068	1112	1089	1141	1208	1259
大兴区	762	778	803	843	871	823	779	914	932	912
怀柔区	484	481	484	482	488	483	479	480	485	501
平谷区	430	437	427	427	271	274	268	261	390	399
密云区	610	589	585	597	589	574	566	595	607	600
延庆区	252	256	257	320	318	333	326	360	359	472

注：本表全市数据包含驻京部队医院，分区数据不包含驻京部队医院，故分区数据之和不等于全市。
资料来源：北京市卫生健康委员会。

2-21 医疗机构实有床位数（2014–2023年）

单位：张

各 区	2014	2015	2016	2017	2018	2019	2020	2021	2022	2023
全 市	**109789**	**111555**	**116963**	**120530**	**123508**	**127111**	**127143**	**130259**	**133932**	**138823**
东城区	10930	11046	11175	11296	9947	9938	10049	10008	10027	8254
西城区	15354	15604	15608	15867	16368	17411	17259	17623	18633	16290
朝阳区	19053	20133	22222	23176	23669	24487	23644	25350	26401	27495
丰台区	9347	9534	10045	10554	12317	12622	12738	13168	13677	14311
石景山区	4140	4636	4595	4755	4770	4868	4873	4820	5054	5656
海淀区	11374	11238	12351	12999	13261	13546	13521	13761	14345	14780
门头沟区	2859	2858	2863	2953	2990	2981	2989	3082	2990	2891
房山区	6173	6362	6641	6633	6329	6489	6469	6456	6112	6420
通州区	3216	3494	3651	3737	3802	4113	4155	4425	4483	6231
顺义区	3283	3372	3516	3669	3870	3909	4420	4317	4461	4756
昌平区	11110	10147	10882	11475	11817	12237	12295	12247	12259	14608
大兴区	6675	6780	7012	6999	7603	7501	7592	7854	8256	9702
怀柔区	1596	1683	1681	1711	1931	1982	2037	2017	2092	2086
平谷区	2001	2020	2007	1979	1984	2123	2149	2077	2090	2103
密云区	1696	1666	1700	1695	1748	1802	1834	1874	1872	2083
延庆区	982	982	1014	1032	1102	1102	1119	1180	1180	1157

注：本表数据不含驻京部队医院。

资料来源：北京市卫生健康委员会。

2-22 执业（助理）医师数（2014–2023年）

单位：人

各　区	2014	2015	2016	2017	2018	2019	2020	2021	2022	2023
全　市	**89590**	**96445**	**100878**	**105732**	**109376**	**115771**	**118541**	**123503**	**124916**	**133685**
东城区	9460	9790	10123	10518	9817	10245	10446	10789	11086	9934
西城区	11300	11992	12303	12795	13121	13966	14205	14476	14707	14082
朝阳区	16572	17888	18610	19774	21167	22190	22650	24359	24418	26158
丰台区	6267	6509	6975	7572	9158	9536	9621	9976	10177	10689
石景山区	2687	2848	3009	3008	3113	3209	3206	3288	3381	3882
海淀区	10594	10761	11440	12687	13182	14314	14749	15519	15621	16597
门头沟区	1120	1170	1221	1225	1263	1357	1389	1455	1442	1586
房山区	3316	3516	3644	3804	3945	4158	4269	4489	4566	4833
通州区	3034	3362	3593	3787	3789	3933	4062	4203	4326	5102
顺义区	2873	3127	3291	3386	3862	3916	4012	4207	4334	4645
昌平区	4302	4810	5260	5659	6220	6687	7255	7437	7753	9090
大兴区	3678	4021	4268	4374	4824	5076	5155	5493	5746	7103
怀柔区	1406	1387	1437	1453	1642	1691	1659	1790	1884	2029
平谷区	1461	1530	1549	1546	1602	1723	1761	1839	1880	2025
密云区	1573	1580	1666	1724	1908	2053	2104	2058	2129	2331
延庆区	892	941	1035	1062	1113	1194	1234	1287	1318	1469

注：本表数据为医疗卫生机构范围。全市数据包含驻京部队医院情况，分区数据不包含驻京部队医院，故分区数据之和不等于全市。

资料来源：北京市卫生健康委员会。

2-23 注册护士数（2014-2023年）

单位：人

各 区	2014	2015	2016	2017	2018	2019	2020	2021	2022	2023
全 市	**106167**	**114294**	**117760**	**123158**	**123589**	**131314**	**134656**	**141685**	**142711**	**152548**
东城区	9972	10303	10575	10836	10440	10731	11058	11349	11503	9880
西城区	13796	15338	15296	15992	16292	17487	17740	18357	18878	18223
朝阳区	18189	19085	20418	21544	22234	24486	24638	26858	27074	29760
丰台区	7348	7664	7989	8237	9185	9586	10721	11202	11112	11868
石景山区	3077	3349	3315	3404	3577	3708	3837	3915	3912	4545
海淀区	12342	12660	12859	14670	15251	16274	16908	17810	18264	19082
门头沟区	1388	1440	1476	1499	1502	1647	1608	1708	1786	1858
房山区	3578	3768	3855	4069	4264	4378	4529	4741	4794	5113
通州区	3092	3380	3609	3771	3642	3894	4241	4359	4401	5732
顺义区	2396	2693	2886	2986	3350	3419	3427	3689	3813	4316
昌平区	5302	5938	6419	6840	7405	7898	8418	8626	8608	10239
大兴区	4069	4313	4629	4735	5159	5427	5524	5924	6101	7849
怀柔区	1106	1130	1129	1159	1259	1329	1360	1611	1651	1737
平谷区	1403	1479	1498	1499	1535	1605	1638	1654	1663	1726
密云区	1104	1204	1188	1172	1143	1263	1284	1273	1371	1489
延庆区	731	882	905	947	995	1054	1074	1103	1139	1229

注：本表数据为医疗卫生机构范围。全市数据包含驻京部队医院情况，分区数据不包含驻京部队医院，故分区数据之和不等于全市。

资料来源：北京市卫生健康委员会。

2-24　参加企业职工基本养老保险人数（2014-2023年）

单位：万人

各　区	2014	2015	2016	2017	2018	2019	2020	2021	2022	2023
全　市	**1392.6**	**1424.2**	**1459.1**	**1514.3**	**1591.5**	**1651.6**	**1679.9**	**1725.1**	**1764.7**	**1801.5**
东 城 区	135.0	137.6	142.7	143.9	148.2	151.7	154.1	156.1	158.6	162.2
西 城 区	189.4	191.6	192.8	193.8	195.5	198.2	195.2	195.5	195.8	202.0
朝 阳 区	294.8	301.4	312.5	326.9	348.9	363.9	372.8	384.5	390.9	403.6
丰 台 区	85.3	87.4	89.4	93.3	98.3	101.9	106.7	111.2	116.0	120.7
石景山区	40.7	41.6	42.4	44.2	46.1	47.7	47.6	48.5	49.5	50.8
海 淀 区	241.8	248.8	257.7	270.3	285.8	297.6	305.9	317.2	328.0	339.8
门头沟区	20.7	21.1	21.4	22.1	23.2	24.3	25.2	25.6	26.8	28.7
房 山 区	34.3	35.2	35.0	36.5	38.8	40.6	42.2	45.2	47.0	50.2
通 州 区	44.4	45.8	47.4	50.8	55.4	59.2	61.7	65.5	68.3	72.8
顺 义 区	55.9	57.5	58.3	61.3	65.3	68.2	70.1	72.9	75.7	80.2
昌 平 区	42.7	44.0	42.8	46.0	50.1	53.1	55.6	58.4	61.2	65.6
大 兴 区	48.6	49.5	49.4	51.8	54.9	58.7	59.0	60.5	62.2	65.5
怀 柔 区	19.7	20.2	20.0	20.9	22.2	23.4	24.1	25.2	26.4	28.2
平 谷 区	18.4	19.0	19.3	20.3	21.5	22.4	23.0	24.2	25.3	27.1
密 云 区	18.1	18.6	18.9	20.1	21.4	22.6	23.3	24.4	25.3	27.0
延 庆 区	8.7	8.9	9.0	9.4	9.8	10.2	10.5	11.1	11.6	12.7
北京经济技术开发区	36.6	38.2	39.2	42.1	46.0	48.7	49.6	53.4	57.6	64.3
其　他	57.6	58.0	60.9	60.6	59.9	59.2	53.5	45.7	38.6	0.01

注：表中“其他”指社会保险代办机构。

资料来源：北京市人力资源和社会保障局。

2-25 参加职工基本医疗保险人数（2014-2023年）

单位：万人

各 区	2014	2015	2016	2017	2018	2019	2020	2021	2022	2023
全 市	**1431.3**	**1475.7**	**1517.6**	**1569.2**	**1628.9**	**1682.5**	**1741.6**	**1486.0**	**1499.4**	**1504.7**
东城区	157.2	159.8	160.5	161.8	163.0	164.0	164.7	128.0	127.1	125.1
西城区	213.9	213.4	213.0	214.2	213.8	214.8	211.7	168.8	168.6	166.7
朝阳区	307.3	317.2	327.6	346.4	370.9	382.2	386.7	315.5	308.8	303.9
丰台区	92.4	97.1	99.6	102.8	106.6	110.5	116.2	107.4	110.5	112.5
石景山区	42.2	44.4	46.2	48.1	49.5	50.5	51.2	45.6	45.6	45.6
海淀区	262.4	279.5	288.8	299.5	313.4	323.0	336.8	278.3	277.3	271.3
门头沟区	21.0	21.2	22.6	23.3	23.9	25.1	27.7	24.0	24.5	26.1
房山区	36.4	37.4	38.2	39.4	42.2	45.2	49.3	47.8	49.3	51.5
通州区	45.4	47.9	50.3	52.8	55.1	62.2	69.0	66.0	67.0	68.8
顺义区	55.0	56.1	57.6	59.5	61.0	63.1	68.1	61.5	63.3	64.2
昌平区	44.4	47.3	49.4	51.7	56.7	59.0	63.5	57.6	60.5	62.4
大兴区	48.5	49.3	52.8	54.3	55.2	58.4	61.7	52.0	54.3	57.9
怀柔区	20.5	20.7	21.4	22.1	22.0	24.2	26.0	24.5	25.7	26.8
平谷区	19.6	20.3	20.9	21.6	22.7	22.7	24.8	23.6	24.4	25.7
密云区	19.5	20.4	21.7	22.3	22.8	24.5	26.2	24.7	25.6	26.6
延庆区	10.4	10.9	11.8	12.1	12.3	12.6	13.3	13.1	13.9	14.7
北京经济技术开发区	34.9	32.9	35.2	37.1	37.6	40.6	44.8	47.5	53.1	54.9
其 他				0.1	0.1					

注：1. 表中“其他”指社会保险代办机构。

2. 自2021年9月起，对参加职工基本医疗保险人数统计口径进行调整，去除6个月及以上未缴费人员。

资料来源：北京市医疗保障局。

2-26 四次经济普查法人单位基本情况

各 区	法人单位数（个）				资产总计（亿元）			
	2004	2008	2013	2018	2004	2008	2013	2018
全 市	**220947**	**267890**	**630545**	**988619**	**216316.9**	**646673.0**	**1220785.2**	**2119561.6**
东 城 区	18524	18027	38710	44119	20050.4	62829.6	131958.4	321810.1
西 城 区	25040	24472	43087	45638	127595.6	438689.8	739974.3	1216229.0
朝 阳 区	45416	57759	141018	215001	26934.9	44294.2	119208.9	195629.6
丰 台 区	18182	22310	62130	88766	4742.3	9533.6	21462.0	43711.8
石景山区	5327	6235	18672	29856	1149.6	3013.4	8830.9	21622.0
海 淀 区	55164	65767	128917	159040	26735.2	69990.4	140979.8	150902.1
门头沟区	3043	3657	8795	20663	230.0	391.6	1951.7	4703.5
房 山 区	6862	7305	22823	51332	982.0	1506.0	4924.7	9581.9
通 州 区	7390	12604	33809	55685	1108.1	2012.7	7662.1	13992.9
顺 义 区	5643	7923	20450	37492	2094.6	5248.4	14024.5	27087.2
昌 平 区	8246	11546	34342	56695	1363.5	2658.1	9658.9	18866.0
大 兴 区	9721	15544	30829	49079	963.0	1887.9	6354.0	14722.9
怀 柔 区	3509	3991	13845	48177	479.6	648.6	2055.4	5610.4
平 谷 区	2667	3535	9736	30103	265.6	665.1	1993.3	4260.0
密 云 区	2950	3548	13576	32308	492.7	696.8	1994.8	6024.6
延 庆 区	2182	2136	4707	9131	175.6	268.4	951.6	6857.3
北京经济技术开发区	1077	1531	5099	15534	948.5	2338.3	6800.0	19160.1
外 埠	4				5.6			

注：2004年、2008年，东城区数据包括原行政区划的东城区和崇文区，西城区数据包括原行政区划中的西城区和宣武区；2018年，除法人单位数外，其他指标全市数据包括铁路部门数据，各区数据不含，故分区数据之和不等于全市。

2-26 续表1

各　区	年末从业人员（万人）			
	2004	2008	2013	2018
全　市	**705.2**	**816.9**	**1111.3**	**1361.0**
东 城 区	63.7	65.5	85.7	94.4
西 城 区	98.2	98.0	117.0	119.7
朝 阳 区	129.6	155.2	228.5	294.7
丰 台 区	62.3	79.3	93.4	111.4
石景山区	20.0	19.5	31.2	38.2
海 淀 区	137.2	184.8	242.6	281.8
门头沟区	8.5	8.6	10.4	16.2
房 山 区	24.3	19.3	27.6	36.2
通 州 区	26.0	29.4	40.3	47.7
顺 义 区	29.6	40.5	59.9	70.6
昌 平 区	29.4	29.5	46.5	59.5
大 兴 区	26.6	30.1	43.5	51.8
怀 柔 区	11.3	11.3	16.1	28.0
平 谷 区	10.9	10.2	13.7	22.9
密 云 区	12.8	12.2	16.9	26.4
延 庆 区	6.2	5.9	9.1	10.8
北京经济技术开发区	7.8	17.4	29.1	42.5
外　埠	1.0			

2-26 续表2

各　　区	收入总计（亿元）				企业营业收入（亿元）			
	2004	2008	2013	2018	2004	2008	2013	2018
全　　市	**30942.0**	**66702.8**	**140828.4**	**199152.1**	**28776.3**	**61085.3**	**136698.9**	**183103.4**
东 城 区	2929.9	5266.6	16964.8	20546.5	2636.9	4475.4	16592.5	19127.0
西 城 区	7307.5	12345.2	21960.6	31103.8	6889.2	11351.0	21344.2	27899.5
朝 阳 区	6376.0	13214.0	33007.0	41599.1	6067.0	12393.0	32397.2	39613.8
丰 台 区	1672.8	3692.2	7136.6	10765.4	1549.3	3319.6	6717.4	9541.0
石景山区	768.5	1588.2	3149.6	5334.0	725.2	1397.6	3088.1	4930.9
海 淀 区	6509.6	17350.1	30065.7	39884.0	5839.5	15804.6	28673.8	35406.0
门头沟区	112.8	235.9	573.9	1472.8	94.9	194.6	509.6	1311.7
房 山 区	931.4	1647.5	3095.3	4242.3	892.2	1532.8	3033.3	3903.4
通 州 区	474.7	1304.1	3061.7	5593.4	437.3	1206.0	2986.2	4921.5
顺 义 区	1105.1	2912.6	6453.7	8733.2	1065.4	2774.5	6388.4	8357.0
昌 平 区	858.9	1511.9	4470.6	6717.5	806.2	1358.8	4336.6	6227.8
大 兴 区	552.5	1134.7	2846.7	4763.1	514.6	1034.9	2735.0	4305.2
怀 柔 区	222.9	554.2	1164.7	2143.8	205.3	506.4	1133.3	1932.2
平 谷 区	161.6	382.1	708.1	1315.3	139.6	332.9	671.1	1145.1
密 云 区	201.4	394.1	889.2	1633.6	180.9	335.5	876.7	1443.3
延 庆 区	77.1	148.0	281.3	666.3	58.6	110.2	245.3	450.3
北京经济技术开发区	674.0	3021.4	4998.9	11810.0	671.4	2957.4	4970.1	11759.7
外　　埠	5.4				2.8			

2-26　续表3

各　区	企业利润总额（亿元）			
	2004	2008	2013	2018
全　市	**1989.0**	**5488.1**	**20566.8**	**24842.9**
东城区	133.2	996.0	7777.3	5999.8
西城区	774.5	2071.6	5898.9	9928.7
朝阳区	414.5	1228.9	3438.7	3639.4
丰台区	43.9	181.7	306.3	514.6
石景山区	21.3	25.5	215.8	329.0
海淀区	341.2	553.8	1649.1	2098.5
门头沟区	6.6	17.1	16.8	33.6
房山区	53.1	-29.2	-1.5	59.2
通州区	11.5	29.3	102.3	106.7
顺义区	60.7	16.1	469.9	673.4
昌平区	38.1	59.1	257.2	356.1
大兴区	12.1	21.4	64.4	114.0
怀柔区	6.2	13.8	43.0	40.8
平谷区	5.7	14.6	22.6	-5.5
密云区	6.6	17.7	21.9	-30.4
延庆区	2.1	0.2	18.1	21.0
北京经济技术开发区	57.7	270.3	266.0	606.1
外　埠				

注：2018年企业利润总额数据为企业营业利润口径。

2024
北京区域统计年鉴

第三章

BEIJING AREA
STATISTICAL YEARBOOK

各区主要数据

简要说明

一、本章资料的主要内容

本章各区数据主要包括人口与就业、国民经济核算、财政、税收、投资、房地产、能源、农业、工业、建筑业、消费、利用外资、金融、居民收支、教育、文化、科技、卫生、社会保障、法律、城市安全、环境、城市公用事业等方面情况。

二、本章资料的数据来源

各区数据主要来源于三个方面：

一是来源于北京市统计局，主要包括常住人口、国民经济核算、产业、投资、房地产、消费、能源消费等指标。

二是来源于国家统计局北京调查总队，主要包括城乡居民收入支出、粮食播种面积、主要畜禽产品产量等指标。

三是来源于其他相关部门，主要包括行政区划、户籍人口、财政、税收、利用外资、金融、教育、文化、技术合同、专利、卫生、社会保障、法律、城市安全、环境、城市公用事业等方面指标，具体来源见表下说明。

三、本章有关数据说明

本章行业划分执行《国民经济行业分类（GB/T 4754-2017)》标准。

2022 年地区生产总值数据为最终核实数据，2023 年地区生产总值数据为初步核算数据。

本章常住人口数据为年度人口抽样调查推算数。

3-1　行政区划（2023年）

单位：个

各　区	街道办事处	建制镇	建制乡	社区居委会	村民委员会
全　市	**165**	**143**	**35**	**3568**	**3768**
东城区	17			168	
西城区	15			263	
朝阳区	24		19	606	144
丰台区	24	2		367	56
石景山区	9			153	
海淀区	22	7		601	40
门头沟区	4	9		122	178
房山区	8	14	6	203	459
通州区	11	10	1	166	470
顺义区	6	19		162	426
昌平区	8	14		279	298
大兴区	8	14		238	437
怀柔区	2	12	2	36	284
平谷区	2	14	2	51	272
密云区	2	17	1	96	330
延庆区	3	11	4	57	374

资料来源：北京市民政局。

3-2 规模（限额）以上法人单位情况（2023年）

单位：个

各　区	法人单位数合计	#企业法人
全　市	**47207**	**43431**
东 城 区	2984	2584
西 城 区	3349	2800
朝 阳 区	12854	12298
丰 台 区	3439	3159
石景山区	1257	1144
海 淀 区	8926	8243
门头沟区	492	421
房 山 区	1393	1216
通 州 区	1616	1462
顺 义 区	2594	2403
昌 平 区	2209	2057
大 兴 区	1232	1121
怀 柔 区	903	828
平 谷 区	708	641
密 云 区	806	723
延 庆 区	320	256
北京经济技术开发区	2125	2075

注：表中数据均为2023年1-12月定报数据。

3–3 常住人口及常住人口密度

单位：万人

各　区	常住人口		#常住外来人口	
	2023	2022	2023	2022
全　市	**2185.8**	**2184.3**	**824.0**	**825.1**
东城区	70.3	70.4	14.9	14.9
西城区	109.9	110.0	21.8	22.0
朝阳区	344.6	344.2	124.5	124.3
丰台区	201.1	201.2	62.7	62.8
石景山区	56.4	56.3	15.6	15.6
海淀区	312.5	312.4	105.0	105.9
门头沟区	39.7	39.6	11.6	11.5
房山区	131.2	131.1	44.3	43.8
通州区	184.5	184.3	89.1	89.9
顺义区	132.7	132.5	60.2	60.1
昌平区	227.2	226.7	132.6	131.9
大兴区	199.4	199.1	101.0	101.6
怀柔区	44.0	43.9	15.3	15.2
平谷区	45.6	45.6	7.2	7.2
密云区	52.4	52.6	10.7	10.8
延庆区	34.3	34.4	7.5	7.6

注：本表数据为年度人口抽样调查推算数。

3-3 续表1

单位：万人

各区	常住人口按城乡分				常住人口按性别分			
	城镇人口		乡村人口		男		女	
	2023	2022	2023	2022	2023	2022	2023	2022
全　市	**1919.8**	**1912.8**	**266.0**	**271.5**	**1113.3**	**1114.2**	**1072.5**	**1070.1**
东 城 区	70.3	70.4			34.1	34.2	36.2	36.2
西 城 区	109.9	110.0			53.3	53.0	56.6	57.0
朝 阳 区	343.7	343.3	0.9	0.9	169.0	169.0	175.6	175.2
丰 台 区	199.9	199.9	1.2	1.3	99.4	99.5	101.7	101.7
石景山区	56.4	56.3			27.7	27.7	28.7	28.6
海 淀 区	305.5	305.4	7.0	7.0	155.1	155.7	157.4	156.7
门头沟区	36.5	36.2	3.2	3.4	20.3	19.9	19.4	19.7
房 山 区	103.3	102.6	27.9	28.5	66.8	66.4	64.4	64.7
通 州 区	135.2	137.3	49.3	47.0	97.1	96.7	87.4	87.6
顺 义 区	92.5	87.8	40.2	44.7	70.2	71.6	62.5	60.9
昌 平 区	187.3	185.9	39.9	40.8	123.1	122.5	104.1	104.2
大 兴 区	162.4	161.6	37.0	37.5	106.7	106.8	92.7	92.3
怀 柔 区	33.1	32.8	10.9	11.1	22.7	23.1	21.3	20.8
平 谷 区	28.1	27.9	17.5	17.7	23.2	23.3	22.4	22.3
密 云 区	35.0	34.9	17.4	17.7	26.8	26.9	25.6	25.7
延 庆 区	20.7	20.5	13.6	13.9	17.8	17.9	16.5	16.5

3-3 续表2

单位：万人

各　区	常住人口按年龄分						常住人口密度（人/平方公里）	
	0-14岁		15-64岁		65岁及以上			
	2023	2022	2023	2022	2023	2022	2023	2022
全　市	**262.5**	**264.0**	**1576.4**	**1590.2**	**346.9**	**330.1**	**1332**	**1331**
东城区	9.7	9.8	46.1	46.5	14.5	14.1	16794	16818
西城区	16.3	15.9	69.7	71.2	23.9	22.9	21749	21769
朝阳区	38.9	39.9	247.7	250.9	58.0	53.4	7572	7564
丰台区	22.5	22.6	141.7	142.8	36.9	35.8	6576	6579
石景山区	6.5	6.5	40.3	40.3	9.6	9.5	6689	6677
海淀区	37.1	37.6	227.0	228.3	48.4	46.5	7255	7253
门头沟区	4.5	4.6	27.6	28.9	7.6	6.1	274	273
房山区	17.4	17.4	95.6	96.0	18.2	17.7	659	659
通州区	23.0	23.2	136.2	139.4	25.3	21.7	2036	2034
顺义区	15.5	15.7	98.6	98.7	18.6	18.1	1301	1299
昌平区	24.9	24.4	178.6	179.5	23.7	22.8	1691	1687
大兴区	24.6	24.5	145.3	144.0	29.5	30.6	1924	1921
怀柔区	5.2	5.3	30.5	31.5	8.3	7.1	207	207
平谷区	5.9	5.9	30.6	30.7	9.1	9.0	480	480
密云区	6.5	6.6	36.6	37.0	9.3	9.0	235	236
延庆区	4.0	4.1	24.3	24.5	6.0	5.8	172	173

3-4 户籍户数及户籍人口

单位：万人

各 区	户籍户数（万户）		户籍人口		男		女	
	2023	2022	2023	2022	2023	2022	2023	2022
全 市	**564.8**	**564.1**	**1431.2**	**1427.7**	**708.3**	**708.1**	**722.9**	**719.6**
东城区	34.7	34.8	99.6	99.8	48.4	48.7	51.2	51.1
西城区	49.6	49.8	152.6	152.4	74.9	75.0	77.7	77.4
朝阳区	86.2	86.0	219.3	218.9	107.8	107.9	111.6	111.0
丰台区	50.0	50.1	119.5	119.5	59.4	59.6	60.1	59.9
石景山区	15.6	15.5	39.3	39.3	19.7	19.8	19.6	19.5
海淀区	76.9	76.6	246.9	245.5	123.0	122.3	123.8	123.2
门头沟区	12.6	12.6	25.8	25.9	12.9	13.1	12.9	12.9
房山区	40.0	40.2	84.9	85.2	42.3	42.5	42.6	42.7
通州区	41.7	41.5	86.0	84.9	42.4	41.9	43.6	42.9
顺义区	28.8	28.7	67.5	67.2	33.3	33.2	34.2	34.0
昌平区	30.6	30.5	69.1	68.5	34.4	34.3	34.7	34.2
大兴区	31.3	30.9	78.8	77.7	39.0	38.5	39.8	39.2
怀柔区	13.8	13.9	28.7	28.8	14.2	14.3	14.4	14.5
平谷区	17.6	17.6	40.6	40.8	20.4	20.6	20.2	20.3
密云区	20.6	20.7	43.8	44.1	21.7	21.9	22.1	22.2
延庆区	14.8	14.8	28.9	29.0	14.5	14.6	14.4	14.5

资料来源：北京市公安局。

3–5 户籍人口机械变动情况

单位：人

各　区	市外迁入人数		迁往市外人数		机械增加人数	
	2023	2022	2023	2022	2023	2022
全　市	**208854**	**139923**	**63796**	**54274**	**145058**	**85649**
东 城 区	8748	7294	1225	990	7523	6304
西 城 区	16926	12295	2187	1604	14739	10691
朝 阳 区	34925	27017	12048	9460	22877	17557
丰 台 区	15529	9378	2161	1605	13368	7773
石景山区	5114	3415	720	617	4394	2798
海 淀 区	74027	42752	37814	33770	36213	8982
门头沟区	1910	1259	39	31	1871	1228
房 山 区	6108	3956	482	352	5626	3604
通 州 区	10104	7673	378	298	9726	7375
顺 义 区	4658	3138	814	695	3844	2443
昌 平 区	15822	11107	4463	3519	11359	7588
大 兴 区	10850	7190	1334	1230	9516	5960
怀 柔 区	1143	1023	41	28	1102	995
平 谷 区	900	782	21	19	879	763
密 云 区	1196	957	45	35	1151	922
延 庆 区	894	687	24	21	870	666

资料来源：北京市公安局。

3-6 户籍人口自然变动情况

单位：人

各 区	出生人数		死亡人数		自然增加人数	
	2023	2022	2023	2022	2023	2022
全 市	**93166**	**86044**	**203519**	**30272**	**-110353**	**55772**
东 城 区	5484	5061	16130	1266	-10646	3795
西 城 区	8943	8429	23210	2261	-14267	6168
朝 阳 区	14925	13555	35597	3220	-20672	10335
丰 台 区	7424	6899	22558	2054	-15134	4845
石景山区	2446	2255	7112	695	-4666	1560
海 淀 区	15785	14278	29589	2737	-13804	11541
门头沟区	1429	1333	4408	717	-2979	616
房 山 区	5630	5163	11500	2830	-5870	2333
通 州 区	6102	5808	9777	2722	-3675	3086
顺 义 区	4545	4201	7975	2516	-3430	1685
昌 平 区	5044	4732	8764	1587	-3720	3145
大 兴 区	6548	6315	8751	1790	-2203	4525
怀 柔 区	1832	1644	3667	1087	-1835	557
平 谷 区	2556	2441	5319	1923	-2763	518
密 云 区	2551	2320	5542	1844	-2991	476
延 庆 区	1922	1610	3620	1023	-1698	587

资料来源：北京市公安局。

3-7 城镇非私营单位从业人员年末人数、工资总额、平均工资（2023年）

各　区	从业人员 年末人数 （人）	从业人员 工资总额 （亿元）	从业人员 平均工资 （元）
全　市	**7555817**	**16629.9**	**218312**
东 城 区	603346	1332.0	219782
西 城 区	834611	2242.0	268648
朝 阳 区	1492536	3495.2	231428
丰 台 区	647721	969.6	149132
石景山区	191316	471.1	237095
海 淀 区	1684234	4331.7	254740
门头沟区	52960	86.2	163346
房 山 区	147403	223.4	149999
通 州 区	230080	393.6	170269
顺 义 区	422820	766.9	181754
昌 平 区	274384	538.1	194381
大 兴 区	648780	1234.3	187867
怀 柔 区	98019	165.3	168561
平 谷 区	84905	171.8	198791
密 云 区	98113	146.6	147802
延 庆 区	44589	62.1	138065

注：城镇非私营单位是指除私营单位以外不包括个体工商户的独立核算法人单位，下同。

3-8 城镇非私营单位在岗职工年末人数、工资总额、平均工资（2023年）

各　区	在岗职工 年末人数 （人）	在岗职工 工资总额 （亿元）	在岗职工 平均工资 （元）
全　市	**7104273**	**16104.7**	**224562**
东城区	531157	1295.6	241994
西城区	770907	2171.2	280786
朝阳区	1376669	3271.8	234163
丰台区	617033	946.6	152589
石景山区	179824	461.3	247360
海淀区	1621011	4257.1	260015
门头沟区	50182	83.3	166609
房山区	130473	207.5	157337
通州区	225722	386.6	170676
顺义区	405921	750.1	185112
昌平区	264471	528.1	197773
大兴区	617401	1209.3	193853
怀柔区	94353	161.4	170183
平谷区	80967	169.6	205571
密云区	95944	144.8	148731
延庆区	42238	60.4	142303

3-9 年末实有登记失业人员

单位：人

各　区	2023	2022
全　市	**357445**	**363927**
东 城 区	24517	25063
西 城 区	25267	24428
朝 阳 区	78513	83012
丰 台 区	28298	27469
石景山区	11019	10175
海 淀 区	54370	58431
门头沟区	5107	4816
房 山 区	12677	13060
通 州 区	26699	27026
顺 义 区	15456	15563
昌 平 区	19222	17298
大 兴 区	23939	21049
怀 柔 区	7573	7498
平 谷 区	7058	7132
密 云 区	7763	8436
延 庆 区	3497	3786
北京经济技术开发区	6470	9685

资料来源：北京市人力资源和社会保障局。

3–10 地区生产总值

单位：万元

各区	地区生产总值			地区生产总值按产业分 第一产业		
	2023	2022	增长速度（%）	2023	2022	增长速度（%）
全　　市	**437607000**	**415408600**	**5.2**	**1054800**	**1114900**	**-4.6**
东城区	35743466	33910575	5.0			
西城区	60026710	56449881	5.8			
朝阳区	83872103	79200194	5.5	24657	29515	-17.9
丰台区	21874928	20480495	6.5	8250	7890	4.1
石景山区	10747764	9999950	7.0			
海淀区	110201658	103481035	6.2	14821	20275	-27.6
门头沟区	2811000	2683336	4.5	10836	15931	-36.0
房山区	8847843	8528695	4.7	97244	116116	-16.1
通州区	13035953	12356784	5.0	130878	133505	-2.7
顺义区	22035669	20511570	7.0	148419	165779	-11.8
昌平区	14245584	13382138	6.4	67652	64537	3.7
大兴区	10410717	10783463	-3.8	149235	153309	-4.2
怀柔区	4826028	4507612	6.7	41855	55359	-25.5
平谷区	4516441	4115267	9.6	154628	135142	10.4
密云区	3740007	3566546	4.6	138166	140993	0.5
延庆区	2241390	2074296	7.9	65002	73623	-13.4
北京经济技术开发区	25019254	25324403	-0.6			

注：1.本表产业划分依据国家统计局2018年修订的《三次产业划分规定》。
2.本表行业划分执行《国民经济行业分类》（GB/T 4754-2017）标准。
3.本表数据地区生产总值按当年价格计算，增长速度按不变价格计算。
4.地区生产总值各区合计数不等于全市是由于各区的数据中扣除了划归市一级核算部分。

3-10 续表1

单位：万元

各区	地区生产总值按产业分					
	第二产业			第三产业		
	2023	2022	增长速度（%）	2023	2022	增长速度（%）
全市	**65255900**	**66356200**	**0.4**	**371296300**	**347937500**	**6.1**
东城区	616322	767484	-20.0	35127144	33143091	5.6
西城区	2941617	2959803	0.5	57085093	53490078	6.1
朝阳区	5198359	5079734	1.8	78649087	74090945	5.8
丰台区	3122971	3051788	2.9	18743707	17420817	7.2
石景山区	1169692	1307533	-10.6	9578072	8692417	9.7
海淀区	8108608	8296210	-0.1	102078229	95164550	6.8
门头沟区	722377	717093	1.1	2077787	1950312	6.1
房山区	3668558	3532377	6.8	5082041	4880202	3.7
通州区	4682818	4575287	2.0	8222257	7647992	7.0
顺义区	6108166	5663492	7.6	15779084	14682299	6.9
昌平区	4881687	4562387	7.8	9296245	8755214	5.8
大兴区	3103619	3801151	-18.4	7157863	6829003	4.4
怀柔区	1869917	1643202	13.7	2914256	2809051	3.3
平谷区	1019246	914846	12.8	3342567	3065279	8.7
密云区	945349	941450	0.3	2656492	2484103	6.5
延庆区	499548	406529	24.2	1676840	1594144	4.8
北京经济技术开发区	15659177	16671932	-5.0	9360077	8652471	7.9

3-10 续表2

单位：万元

各 区	地区生产总值按行业分					
	农林牧渔业			工 业		
	2023	2022	增长速度（%）	2023	2022	增长速度（%）
全 市	**1069300**	**1130900**	**-4.6**	**50084900**	**51155000**	**0.3**
东城区				197443	303699	-34.4
西城区				2059951	2073159	1.3
朝阳区	24775	29508	-17.4	3125843	3063881	1.7
丰台区	8275	7925	4.0	1229190	1264028	-0.1
石景山区				320341	445831	-26.6
海淀区	14902	20592	-28.3	6181866	6391099	-0.2
门头沟区	11022	16195	-35.6	406658	406569	1.4
房山区	97298	116314	-16.2	3019666	2965532	5.6
通州区	130997	133673	-2.0	2301113	2217842	3.9
顺义区	150293	173033	-13.6	5623178	5174971	8.5
昌平区	68355	65259	3.9	4274592	4056751	6.4
大兴区	150020	154541	-3.7	2156088	2948456	-26.6
怀柔区	42058	55437	-25.2	1277974	1136464	12.7
平谷区	159387	139181	12.2	783501	656184	21.6
密云区	144422	142929	1.2	509804	497631	3.0
延庆区	67367	76183	-12.4	266428	246992	10.9
北京经济技术开发区				14843602	15805475	-4.9

3-10 续表3

单位：万元

各区	地区生产总值按行业分					
	建筑业			批发和零售业		
	2023	2022	增长速度（%）	2023	2022	增长速度（%）
全市	**16033700**	**15764600**	**0.8**	**30731000**	**31032500**	**-0.9**
东城区	419176	464154	-10.5	3418772	3621725	-5.5
西城区	882586	887573	-1.4	3172531	3075230	3.3
朝阳区	2081396	2024634	1.9	12328093	12230521	0.9
丰台区	1903103	1796554	5.0	1557725	1646956	-5.2
石景山区	830222	840431	-2.1	416995	496271	-15.8
海淀区	1939793	1918050	0.2	3416583	3522451	-2.8
门头沟区	319802	314643	0.7	183777	185885	-0.9
房山区	685103	601095	13.0	347730	339760	2.6
通州区	2390140	2366075	0.1	785164	778324	1.1
顺义区	943642	914174	2.3	835376	770978	8.6
昌平区	624098	521603	18.6	472517	443304	6.9
大兴区	957216	863826	9.8	599234	553988	8.4
怀柔区	594231	508733	15.8	116964	120356	-2.6
平谷区	236679	259515	-9.6	201666	213210	-5.2
密云区	437075	445327	-2.7	217447	196927	10.7
延庆区	233388	159738	44.8	131659	132840	-0.6
北京经济技术开发区	827359	878514	-6.7	2743901	2703805	1.6

3-10 续表4

单位：万元

各区	地区生产总值按行业分					
	交通运输、仓储和邮政业			住宿和餐饮业		
	2023	2022	增长速度（%）	2023	2022	增长速度（%）
全 市	**10653200**	**8794700**	**20.3**	**4531400**	**3711400**	**21.1**
东城区	178776	165819	7.1	648918	464096	38.8
西城区	533011	548889	-3.5	486069	380528	26.8
朝阳区	1235315	1136511	8.0	1213522	1001415	20.3
丰台区	912325	697939	29.9	356298	282445	25.1
石景山区	41898	39025	6.7	77001	64061	19.2
海淀区	1091091	865322	25.3	679644	539626	25.0
门头沟区	19670	16949	15.3	86202	74895	14.1
房山区	29308	27261	6.8	108355	91829	17.0
通州区	95864	88281	7.9	131999	107218	22.1
顺义区	4767485	4429268	6.9	165125	136894	19.6
昌平区	123889	98844	24.5	187920	162106	15.0
大兴区	328417	221076	47.6	81210	61002	32.1
怀柔区	52659	43856	19.3	63727	55829	13.3
平谷区	67994	77976	-13.4	52785	49596	5.6
密云区	72017	57006	25.5	39572	35605	10.3
延庆区	13054	10853	19.5	59299	52400	12.2
北京经济技术开发区	477819	431986	9.9	179630	151828	17.3

3-10 续表5

单位：万元

各 区	地区生产总值按行业分					
	信息传输、软件和信息技术服务业			金融业		
	2023	2022	增长速度（%）	2023	2022	增长速度（%）
全 市	**85143700**	**74682200**	**13.5**	**86630600**	**80616500**	**6.7**
东城区	4411609	4027882	9.0	10539162	9853387	6.2
西城区	2590613	2430918	6.1	32275411	30001999	6.8
朝阳区	10463930	10115929	3.0	16332139	15433108	5.0
丰台区	1197515	1160564	2.7	3470055	3203219	7.5
石景山区	3822159	3033319	25.5	2057038	1921347	6.3
海淀区	52619819	46142335	13.5	10874652	10436522	3.4
门头沟区	69186	72870	-5.5	260399	241823	6.9
房山区	237411	195169	21.1	672887	619732	7.8
通州区	119612	112662	5.7	1516443	1320367	14.0
顺义区	950044	813435	16.3	3788314	3521843	6.8
昌平区	1001206	894305	11.5	1077543	1010371	5.9
大兴区	168260	144495	15.9	1197254	1050670	13.1
怀柔区	409697	420487	-3.0	287010	267956	6.3
平谷区	1310304	1001136	30.3	204795	186846	8.8
密云区	76369	64682	17.6	263528	242373	7.9
延庆区	19277	19158	0.2	170081	161614	4.5
北京经济技术开发区	2383090	1930356	22.9	879190	764821	14.1

3-10 续表6

单位：万元

各区	地区生产总值按行业分					
	房地产业			租赁与商务服务业		
	2023	2022	增长速度（%）	2023	2022	增长速度（%）
全市	**26120400**	**25451500**	**2.3**	**27100000**	**26017600**	**4.0**
东城区	2931582	2759879	6.2	2662343	2468605	7.6
西城区	2895742	2127179	36.0	3193447	3314081	-3.8
朝阳区	7648515	6143725	24.3	11722596	11102685	5.4
丰台区	2339748	1994008	17.0	2015201	1864065	7.9
石景山区	568650	609051	-7.0	339625	368862	-8.1
海淀区	2605366	3040539	-14.7	3245079	3084753	5.0
门头沟区	393756	358764	9.4	68398	62472	9.3
房山区	1213885	1207114	0.2	215166	220397	-2.6
通州区	1432914	1388643	2.8	346573	346328	-0.1
顺义区	1344604	1300184	3.1	987819	949189	3.9
昌平区	1514695	1441614	4.5	498398	477007	4.3
大兴区	1176819	1329623	-12.0	551530	471425	16.8
怀柔区	312588	290317	7.1	207936	190977	8.7
平谷区	268829	303426	-12.0	91617	118899	-23.1
密云区	708078	658363	7.3	79094	86529	-8.8
延庆区	161659	167820	-4.5	151061	121816	23.8
北京经济技术开发区	248644	331290	-25.1	764554	769538	-0.8

3-10 续表7

单位：万元

各　区	地区生产总值按行业分					
	科学研究和技术服务业			水利、环境和公共设施管理业		
	2023	2022	增长速度（%）	2023	2022	增长速度（%）
全　市	**36300900**	**35049100**	**3.4**	**3069900**	**3034000**	**1.1**
东城区	3882164	3582514	8.2	111907	111244	0.5
西城区	2997293	2944687	1.6	358736	354887	1.0
朝阳区	6969134	6912402	0.6	548266	522944	4.7
丰台区	3196083	3023422	5.5	187959	173879	8.0
石景山区	735855	674509	8.9	51915	55158	-6.0
海淀区	12986008	12682716	2.2	892015	761239	17.1
门头沟区	124556	118780	4.7	63830	36272	75.8
房山区	321480	304270	5.5	85372	84771	0.6
通州区	308338	287883	6.9	119547	128855	-7.3
顺义区	714327	617175	15.5	86065	85791	0.2
昌平区	1593779	1488549	6.9	153433	150253	2.0
大兴区	519614	520805	-0.4	158637	156431	1.3
怀柔区	311707	306632	1.5	97583	96061	1.5
平谷区	118741	121264	-2.3	30928	31197	-1.0
密云区	89674	83036	7.8	193864	186868	3.6
延庆区	92951	77511	19.7	65626	60401	8.5
北京经济技术开发区	1159731	1069931	8.2	37910	37755	0.3

3-10 续表8

单位：万元

各区	地区生产总值按行业分					
	居民服务、修理和其他服务业			教育		
	2023	2022	增长速度（%）	2023	2022	增长速度（%）
全市	**2081700**	**2009300**	**2.9**	**19547800**	**19346800**	**0.5**
东城区	78953	75312	4.1	1048449	1002523	4.1
西城区	166883	160048	3.6	1526966	1465760	3.7
朝阳区	456837	445904	1.8	3390405	2961823	13.9
丰台区	229667	204398	11.6	762183	756468	0.3
石景山区	134513	128640	3.9	471168	467881	0.2
海淀区	260169	254722	1.4	6898262	7602837	-9.7
门头沟区	47767	43398	9.3	176569	169792	3.5
房山区	55894	54020	2.8	615302	589602	3.8
通州区	106846	114214	-7.1	714886	684809	3.9
顺义区	119839	112142	6.1	588275	569595	2.8
昌平区	113665	105552	7.0	1226501	1191952	2.4
大兴区	110110	107158	2.1	853420	830662	2.2
怀柔区	81515	65656	23.3	235107	236229	-1.0
平谷区	52403	47126	10.4	251008	238900	4.5
密云区	45230	43721	2.8	281260	268168	4.4
延庆区	15809	14547	7.9	225720	218074	3.0
北京经济技术开发区	41000	32723	24.4	91952	91689	-0.2

3-10 续表9

单位：万元

各区	地区生产总值按行业分								
	卫生和社会工作			文化、体育和娱乐业			公共管理、社会保障和社会组织		
	2023	2022	增长速度（%）	2023	2022	增长速度（%）	2023	2022	增长速度（%）
全市	**12899900**	**12606600**	**2.1**	**8360800**	**7916500**	**4.3**	**17247800**	**17089400**	**0.5**
东城区	1748883	1664253	4.9	1179356	1080503	7.8	2285973	2264980	0.5
西城区	2175762	2054062	5.7	1497285	1445977	2.3	3214424	3184904	0.5
朝阳区	2745092	2608141	5.0	1410550	1311349	6.2	2175695	2155714	0.5
丰台区	1062279	985247	7.6	380236	362092	3.7	1067086	1057286	0.5
石景山区	350222	329722	6.0	170943	169922	-0.6	359219	355920	0.5
海淀区	1880949	1766901	6.2	2694642	2548153	4.4	1920818	1903178	0.5
门头沟区	162897	154116	5.5	40878	37730	7.0	375633	372183	0.5
房山区	423397	405484	4.2	48737	41654	15.6	670852	664691	0.5
通州区	535141	483598	10.4	682719	492457	36.9	1317657	1305556	0.5
顺义区	317640	300062	5.7	49886	44624	10.4	603757	598212	0.5
昌平区	672509	644525	4.1	73593	66476	9.3	568891	563667	0.5
大兴区	433679	410557	5.4	60938	58818	2.3	908271	899930	0.5
怀柔区	224796	212692	5.5	101776	94983	5.8	408700	404947	0.5
平谷区	213691	201307	5.9	29398	30855	-5.9	442715	438649	0.5
密云区	192511	179416	7.1	42452	33547	25.0	347610	344418	0.5
延庆区	142787	135856	4.9	62711	59309	4.4	362513	359184	0.5
北京经济技术开发区	76722	70636	8.4	46167	38075	19.8	217983	215981	0.5

3-11 一般公共预算收入

单位：万元

各　区	2023	2022	#税收收入		#增值税	
			2023	2022	2023	2022
全　市	**61810970**	**57143583**	**53570868**	**48670714**	**18771254**	**13149967**
东 城 区	2005018	1849006	1830167	1641921	592804	411898
西 城 区	4526786	4159443	4254550	3752734	1281049	826427
朝 阳 区	5634904	5030388	4998448	4527838	1513714	1041425
丰 台 区	1557909	1376021	1270605	1169874	436636	302286
石景山区	802094	737892	753073	656083	341503	193910
海 淀 区	5489150	4905102	4847430	4528042	1757569	1098774
门头沟区	305492	319657	265454	285770	107111	66440
房 山 区	960764	926183	491080	485827	242608	179617
通 州 区	941062	894345	736313	689221	255215	167741
顺 义 区	1749748	1690324	1343316	1167041	461177	403991
昌 平 区	1486644	1351903	1002404	902799	349408	234113
大 兴 区	1051012	1044324	657599	640344	245092	142066
怀 柔 区	424904	434689	324214	261945	144944	101113
平 谷 区	401720	275721	337038	204964	144568	94752
密 云 区	413082	396936	322542	267676	131569	86429
延 庆 区	251321	242937	113612	175961	52810	24194

注：各区一般公共预算收入为区级口径，故分区数据之和不等于全市。

资料来源：北京市财政局。

3-11 续表

单位：万元

各区	#企业所得税		#土地增值税		#房产税	
	2023	2022	2023	2022	2023	2022
全　市	**14348088**	**14493194**	**2231544**	**3350932**	**3685021**	**3366319**
东城区	567832	533122	100613	150786	242434	233444
西城区	1853463	1701966	130457	234965	399725	408270
朝阳区	1318648	1326870	377202	428002	970885	899560
丰台区	192994	217195	185420	237289	234311	206134
石景山区	184906	225216	23654	61068	63113	54049
海淀区	1405042	1272745	166510	704052	520606	483222
门头沟区	27641	34511	85519	143457	13121	11441
房山区	53484	53293	63993	127973	42032	38395
通州区	112268	124321	156978	202907	106148	91117
顺义区	234888	213151	286878	216612	165823	155654
昌平区	128247	149908	221286	260723	136601	113117
大兴区	76965	241214	79482	69263	133828	97485
怀柔区	66446	58047	21179	23349	34648	29591
平谷区	116720	49989	6843	8055	12520	11745
密云区	57434	43456	52128	72945	37796	22707
延庆区	10414	111086	15410	6462	14153	14330

3-12 一般公共预算支出

单位：万元

各区	2023	2022	一般公共预算支出中			
			#一般公共服务		#社会保障和就业	
			2023	2022	2023	2022
全市	**79712477**	**74691547**	**5458060**	**5892467**	**11458242**	**10678020**
东城区	2922518	2499137	209172	265974	708086	453687
西城区	4203703	4349700	421468	418523	798346	767774
朝阳区	5477868	5623646	214512	221828	1863181	1957900
丰台区	2891677	2787236	314830	376214	776037	696646
石景山区	1644719	1213006	136875	134193	338661	299074
海淀区	7262507	6641049	444472	523205	1393605	1205991
门头沟区	1209502	953748	170966	156196	181131	127524
房山区	2601346	2420312	318667	312930	411579	429003
通州区	3951122	3062536	316968	314881	390076	353951
顺义区	2961090	3254774	319893	360448	371323	396204
昌平区	2741641	2707265	372728	257357	409675	353941
大兴区	2956374	2921360	303235	299441	404481	388725
怀柔区	1298844	1206691	158688	146063	150585	189759
平谷区	1273907	1240888	173846	163076	199296	209449
密云区	1594111	1381163	202791	168011	247897	269980
延庆区	1278928	1221854	128904	143564	191573	83763

注：各区一般公共预算支出为区级口径，故分区数据之和不等于全市。

资料来源：北京市财政局。

3-12 续表1

单位：万元

各区	一般公共预算支出中					
	#科学技术		#教育		#卫生健康	
	2023	2022	2023	2022	2023	2022
全市	**5219080**	**4887039**	**12279035**	**11711207**	**7048561**	**7758216**
东城区	7369	7897	551792	547282	317581	311154
西城区	27493	39693	840789	817024	446684	450797
朝阳区	112827	114668	1095775	1092921	472879	542044
丰台区	40992	54730	576009	511878	228315	232495
石景山区	23717	17254	251006	236477	118861	112320
海淀区	405001	404687	1550725	1456410	657595	598845
门头沟区	8881	4101	178745	206909	93799	86665
房山区	4241	5680	563619	562019	246310	290421
通州区	12006	10092	529593	507468	333721	370365
顺义区	62524	41540	567280	565410	324332	392091
昌平区	20499	27168	576825	563604	276721	371329
大兴区	90645	89958	574063	534385	337227	436633
怀柔区	9869	13720	248933	248576	124753	144653
平谷区	13897	29064	246206	239669	108320	92234
密云区	16001	29018	264794	257034	167755	172728
延庆区	43893	22690	204554	216155	114214	109409

3-12 续表2

单位：万元

各　区	一般公共预算支出中							
	#节能环保		#交通运输		#农林水		#城乡社区	
	2023	2022	2023	2022	2023	2022	2023	2022
全　市	**2206729**	**2228970**	**3731025**	**3952525**	**5155320**	**4627897**	**9296084**	**8085953**
东 城 区	15777	14775		384	4674	4769	343096	366609
西 城 区	23761	15820	90	90	9020	8401	831205	1045185
朝 阳 区	150639	152480			423573	419483	409671	414705
丰 台 区	23989	19974	635	2	111425	105162	324499	381063
石景山区	16627	14650	38	9	50561	38319	181115	116066
海 淀 区	38857	26358	8319	1111	399923	381731	1424096	1242575
门头沟区	49174	38148	9307	8858	99698	99830	111307	97058
房 山 区	21304	35491	28446	22161	319899	226840	173997	148601
通 州 区	107640	82403	14817	25329	949898	473814	572186	454699
顺 义 区	73987	94248	64872	58269	374732	411444	299268	376952
昌 平 区	29682	41110	24911	20061	259868	271535	316913	370332
大 兴 区	83693	32632	9782	30039	305714	291128	381384	402342
怀 柔 区	35214	38309	8276	8034	148717	145757	180629	98185
平 谷 区	33222	49291	18534	21643	177774	175003	103394	115087
密 云 区	79113	76024	15359	8603	211631	180095	95980	71567
延 庆 区	39368	30703	20376	15176	230938	296303	101319	116572

3-13　各项税收收入

单位：万元

各　　区	2023	2022
全　　市	**151132645**	**136333888**
东 城 区	9781074	9219775
西 城 区	53273561	45425140
朝 阳 区	21195023	19306073
丰 台 区	4680979	4150918
石景山区	3263174	2952041
海 淀 区	29188151	27858769
门头沟区	859400	770862
房 山 区	1552953	1356027
通 州 区	2885924	2511666
顺 义 区	5010155	3948794
昌 平 区	3916794	3457009
大 兴 区	2382361	2584389
怀 柔 区	1353553	1091016
平 谷 区	1510669	937907
密 云 区	1191314	884654
延 庆 区	423188	801283
北京经济技术开发区	7865249	8030174

注：本表全市数据中包含燕山情况，各区不包含燕山数据，故分区数据之和不等于全市。
资料来源：国家税务总局北京市税务局。

3–14 固定资产投资（不含农户）增速

单位：%

各区	固定资产投资（不含农户）		#房地产开发投资		#基础设施投资	
	2023	2022	2023	2022	2023	2022
全市	**4.9**	**3.6**	**0.6**	**1.0**	**0.9**	**5.2**
东城区	-9.4	25.9	25.9	-37.4	-22.9	104.4
西城区	12.2	-6.5	4.0	-0.01	13.7	37.1
朝阳区	7.3	13.0	20.9	20.5	1.0	15.8
丰台区	19.6	-20.2	24.7	-18.7	-1.8	-25.0
石景山区	4.6	7.3	12.3	3.0	-40.9	11.2
海淀区	7.9	5.2	-33.3	-1.3	-1.3	12.9
门头沟区	5.9	6.7	17.3	11.6	-23.3	0.9
房山区	4.6	5.7	-28.7	21.5	1.0	-14.3
通州区	-0.5	0.5	5.2	-14.5	9.0	-7.2
顺义区	10.3	6.8	20.3	-8.3	31.1	-6.7
昌平区	8.4	7.5	18.4	4.5	37.1	-12.2
大兴区	4.6	3.9	-15.8	13.4	4.7	-16.4
怀柔区	4.1	5.2	16.4	1.6	14.0	4.0
平谷区	40.1	5.5	-11.9	-30.7	6.2	17.5
密云区	-9.9	-7.8	-44.7	-9.8	66.2	-11.2
延庆区	-15.5	-0.6	-14.8	13.8	-4.3	27.9
北京经济技术开发区	-17.4	10.7	-46.7	31.4	65.9	-37.3

注：本表按项目所在建设地地址划分。

3-15 房地产开发与销售情况

单位：万平方米

各 区	房屋施工面积			房屋竣工面积		
	2023	2022	增长速度（%）	2023	2022	增长速度（%）
全 市	**12531.3**	**13333.1**	**-6.0**	**2112.4**	**1938.5**	**9.0**
东城区	265.0	248.9	6.5	66.1	6.1	990.0
西城区	232.1	198.8	16.7	37.4		
朝阳区	2066.8	1965.6	5.1	205.9	67.3	205.9
丰台区	1329.5	1316.8	1.0	258.4	140.6	83.8
石景山区	582.2	532.6	9.3	33.8	55.3	-38.7
海淀区	913.1	951.7	-4.1	219.0	154.6	41.6
门头沟区	293.7	278.1	5.6	64.8	34.5	88.0
房山区	802.2	876.5	-8.5	237.1	156.1	51.9
通州区	1300.8	1531.1	-15.0	137.3	373.5	-63.3
顺义区	1112.1	1320.6	-15.8	268.4	335.8	-20.1
昌平区	1037.7	1128.6	-8.1	212.4	195.8	8.5
大兴区	1411.8	1626.0	-13.2	69.1	209.3	-67.0
怀柔区	435.2	449.7	-3.2	120.9	47.7	153.5
平谷区	205.0	216.4	-5.2	53.3	47.3	12.7
密云区	245.0	282.0	-13.1	110.9	33.6	230.1
延庆区	207.6	231.8	-10.4		11.4	
北京经济技术开发区	91.5	178.1	-48.6	17.6	69.7	-74.8

3-15 续表

单位：万平方米

各区	商品房销售面积			#住宅销售面积		
	2023	2022	增长速度（%）	2023	2022	增长速度（%）
全　市	**1131.8**	**1040.0**	**8.8**	**818.3**	**741.9**	**10.3**
东 城 区	20.7	18.6	11.4	17.1	16.9	1.1
西 城 区	15.7	1.0	1407.4	15.1	0.4	3428.5
朝 阳 区	151.3	78.6	92.7	132.2	69.3	90.8
丰 台 区	137.1	91.8	49.4	102.2	68.7	48.7
石景山区	68.0	77.0	-11.6	30.3	25.4	19.6
海 淀 区	46.6	82.7	-43.6	33.1	62.8	-47.4
门头沟区	33.0	32.8	0.6	16.9	18.8	-9.9
房 山 区	125.8	115.1	9.3	105.3	91.3	15.3
通 州 区	86.2	90.5	-4.7	49.8	64.1	-22.4
顺 义 区	118.1	102.1	15.7	91.7	76.0	20.7
昌 平 区	139.8	113.6	23.1	91.0	80.0	13.7
大 兴 区	103.7	143.7	-27.9	68.0	99.6	-31.8
怀 柔 区	34.5	21.9	57.0	27.6	18.4	49.6
平 谷 区	12.0	19.8	-39.2	8.2	15.1	-45.6
密 云 区	17.9	15.8	13.2	14.9	14.1	5.7
延 庆 区	11.5	20.7	-44.6	6.6	9.9	-33.0
北京经济技术开发区	10.0	14.4	-30.5	8.2	11.0	-25.3

注：销售面积为期房与现房销售面积之和。

3-16 能源消费基本情况

各 区	能源消费总量（万吨标准煤）		万元地区生产总值能耗下降率（%）	
	2023	2022	2023	2022
全 市	**7151.3**	**6896.9**	**-4.40**	**3.63**
东城区	336.5	328.1	2.32	5.02
西城区	391.1	374.5	1.34	3.62
朝阳区	976.1	935.4	1.12	1.16
丰台区	461.3	433.3	0.07	2.83
石景山区	126.0	120.9	2.65	7.36
海淀区	787.9	754.5	1.71	3.01
门头沟区	66.0	63.9	1.15	3.65
房山区	789.4	783.6	3.82	2.50
通州区	356.9	335.8	-1.19	-0.59
顺义区	1284.0	882.3	-36.04	18.35
昌平区	375.3	361.6	2.48	1.76
大兴区	435.3	366.7	-23.33	-29.86
怀柔区	121.8	116.7	2.15	2.84
平谷区	112.6	109.8	6.44	7.62
密云区	122.6	121.0	3.17	-2.26
延庆区	67.4	64.0	2.51	0.31
北京经济技术开发区	287.3	284.9	-1.43	-18.10

注：1. 能源消费总量各区合计数不等于全市是由于各区中扣除了划归市一级核算的部分。
2. 万元地区生产总值能耗下降率按不变价格计算，2023年为初步核算数据。

3–17 全社会用电量情况（2023年）

单位：万千瓦时

各　区	全社会用电量	第一产业	第二产业	第三产业	居民生活
全　市	**13577778**	**91978**	**2996442**	**7143598**	**3345760**
东城区	507393		12679	383281	111433
西城区	592180		19019	423626	149534
朝阳区	2219897	1062	251246	1433044	534545
丰台区	1097456	403	141308	658686	297059
石景山区	281924		41550	175294	65081
海淀区	1810744	2960	135824	1305720	366240
门头沟区	168897	1151	30324	75460	61963
房山区	920675	13136	388528	283405	235606
通州区	920090	11226	169638	436956	302269
顺义区	1020377	14962	251890	456259	297265
昌平区	980467	12043	163921	497568	306935
大兴区	802627	10786	165958	400369	225514
怀柔区	260078	5267	69174	95926	89711
平谷区	209539	9447	51962	61037	87093
密云区	258753	6129	52633	86520	113472
延庆区	185578	3406	19870	96171	66130
北京经济技术开发区	886197		576011	274276	35909

注：由于线损和区域电厂实行集中管理，本表各区未统计线损电量和电厂厂用电量，故分区数据之和不等于全市。
资料来源：国网北京市电力公司。

3-18 农村基本情况

各 区	行政村常住户数（万户）			行政村常住人口（万人）			行政村从业人员（万人）		
	2023	2022	增长速度（%）	2023	2022	增长速度（%）	2023	2022	增长速度（%）
全 市	**207.4**	**217.7**	**-4.8**	**535.5**	**559.6**	**-4.3**	**314.1**	**333.3**	**-5.8**
朝阳区	17.7	18.1	-2.0	42.4	41.9	1.1	28.6	29.3	-2.3
丰台区	10.2	10.8	-5.7	25.3	25.9	-2.5	13.8	15.1	-8.6
海淀区	4.8	13.1	-63.3	14.3	33.5	-57.2	8.2	19.8	-58.7
门头沟区	3.1	3.1	1.0	6.2	6.2	-0.3	3.2	3.3	-1.7
房山区	22.9	22.4	2.3	62.0	61.4	0.9	31.1	31.0	0.6
通州区	31.1	31.1	0.05	81.8	81.9	-0.1	41.5	42.8	-3.0
顺义区	25.4	25.8	-1.6	69.1	70.5	-2.0	42.6	42.2	0.9
昌平区	35.1	35.6	-1.6	86.1	86.6	-0.7	55.2	57.4	-3.8
大兴区	15.2	16.1	-5.8	46.3	48.9	-5.2	26.0	28.0	-7.0
怀柔区	9.7	9.5	1.6	23.1	23.1	0.1	14.0	14.0	-0.3
平谷区	11.6	11.6	-0.01	32.4	32.1	0.9	19.6	19.5	0.2
密云区	11.8	11.9	-0.8	26.8	27.2	-1.3	18.3	18.7	-1.9
延庆区	8.8	8.7	2.0	19.7	20.4	-3.1	12.0	12.3	-2.5

3–18 续表

各 区	农业机械总动力（万千瓦）			化肥施用量（折纯量）（吨）		
	2023	2022	增长速度（%）	2023	2022	增长速度（%）
全 市	**123.9**	**116.4**	**6.4**	**67497.1**	**66087.5**	**2.1**
朝阳区	0.3	0.2	50.0	367.9	948.8	-61.2
丰台区	0.5	0.5		146.7	138.5	5.9
海淀区	1.5	1.5		758.9	642.8	18.1
门头沟区	0.8	0.8		604.6	345.1	75.2
房山区	9.1	9.0	1.1	7101.9	6791.8	4.6
通州区	12.5	12.2	2.5	7506.1	6486.4	15.7
顺义区	21.7	21.3	1.9	14660.4	13838.7	5.9
昌平区	5.0	5.0		1387.8	1589.3	-12.7
大兴区	12.9	12.6	2.4	15908.7	16190.5	-1.7
怀柔区	12.6	12.5	0.8	1775.1	1859.6	-4.5
平谷区	16.4	15.3	7.2	5251.5	5287.4	-0.7
密云区	13.3	12.8	3.9	5570.9	5536.1	0.6
延庆区	9.7	9.6	1.0	6456.6	6432.5	0.4

注：全市农业机械总动力包含首农集团未分配到各区的农机具数据，故分区数据之和不等于全市。
资料来源：农业机械总动力由北京市农业农村局提供。

3-19 农林牧渔业总产值

单位：万元

各区	农林牧渔业总产值			农业			林业		
	2023	2022	增长速度（%）	2023	2022	增长速度（%）	2023	2022	增长速度（%）
全　市	**2526231.9**	**2681755.8**	**-5.8**	**1356002.2**	**1297652.4**	**4.5**	**658742.8**	**865169.3**	**-23.9**
朝阳区	55230.0	66304.0	-16.7	8772.6	7176.7	22.2	45454.6	58685.0	-22.5
丰台区	18230.8	17601.6	3.6	2264.9	2384.3	-5.0	15878.4	15100.5	5.2
海淀区	33072.7	46071.9	-28.2	23477.8	25765.0	-8.9	8940.5	18762.5	-52.3
门头沟区	23201.5	34367.8	-32.5	3652.9	5588.6	-34.6	18495.8	27643.5	-33.1
房山区	224013.7	269957.2	-17.0	109402.7	126457.6	-13.5	75605.0	114047.4	-33.7
通州区	303975.8	312697.6	-2.8	173379.6	175990.8	-1.5	90002.9	96407.6	-6.6
顺义区	378672.9	439499.4	-13.8	195940.8	190940.6	2.6	87068.4	125779.0	-30.8
昌平区	164472.1	158294.5	3.9	71659.0	65548.2	9.3	60313.6	59041.8	2.2
大兴区	330274.3	342739.2	-3.6	253548.7	239386.9	5.9	61181.1	87012.3	-29.7
怀柔区	90704.8	120329.4	-24.6	38791.2	40005.1	-3.0	49411.8	74658.8	-33.8
平谷区	393950.9	346795.7	13.6	243650.6	183475.1	32.8	18934.1	36312.2	-47.9
密云区	335322.0	335217.5	0.03	166231.8	170790.4	-2.7	91226.1	90174.5	1.2
延庆区	162074.4	184819.5	-12.3	65229.6	64143.1	1.7	36230.5	61544.2	-41.1

注：全市农林牧渔业总产值中含远洋捕捞，各区不包括远洋捕捞数据，故分区数据之和不等于全市。

3-19 续表

单位：万元

各区	农林牧渔业总产值								
	牧业			渔业			农林牧渔专业及辅助性活动		
	2023	2022	增长速度（%）	2023	2022	增长速度（%）	2023	2022	增长速度（%）
全市	**419922.5**	**422891.8**	**-0.7**	**40409.4**	**38531.3**	**4.9**	**51155.0**	**57511.0**	**-11.1**
朝阳区				579.8	414.7	39.8	423.0	27.6	1432.6
丰台区							87.5	116.8	-25.1
海淀区	363.9	246.1	47.9		325.3		290.5	973.0	-70.1
门头沟区	386.6	325.2	18.9				666.2	810.5	-17.8
房山区	35175.0	26397.4	33.3	3637.5	2285.6	59.1	193.5	769.2	-74.8
通州区	35750.2	34332.6	4.1	4416.2	5259.6	-16.0	426.9	707.0	-39.6
顺义区	84367.9	96687.0	-12.7	4565.1	4314.9	5.8	6730.7	21777.9	-69.1
昌平区	28538.7	30701.5	-7.0	1435.6	760.5	88.8	2525.2	2242.5	12.6
大兴区	12717.4	12441.8	2.2	6.5	3.8	71.1	2820.6	3894.4	-27.6
怀柔区	1284.5	4978.4	-74.2	487.8	365.6	33.4	729.5	321.5	126.9
平谷区	108737.4	107795.1	0.9	5536.6	7019.8	-21.1	17092.2	12193.5	40.2
密云区	60700.5	57741.5	5.1	6487.7	10546.3	-38.5	10675.9	5964.8	79.0
延庆区	51900.4	51245.2	1.3	220.6	174.7	26.3	8493.3	7712.3	10.1

3-20 农作物播种面积

单位：公顷

各 区	农作物播种面积			#粮食作物			#蔬菜及食用菌		
	2023	2022	增长速度（%）	2023	2022	增长速度（%）	2023	2022	增长速度（%）
全 市	**162115.3**	**147360.2**	**10.0**	**89465.0**	**76734.4**	**16.6**	**53019.3**	**53166.0**	**-0.3**
朝阳区	967.1	860.4	12.4	525.8	424.4	23.9	348.7	342.4	1.8
丰台区	437.2	374.1	16.9	235.2	182.0	29.2	185.3	174.9	5.9
海淀区	1349.9	1398.2	-3.5	523.1	541.8	-3.4	726.1	780.0	-6.9
门头沟区	1339.8	1290.2	3.8	527.5	458.9	14.9	268.3	257.2	4.3
房山区	19815.5	17466.2	13.5	11991.3	9646.8	24.3	6678.3	6668.6	0.1
通州区	22082.4	15250.9	44.8	10260.0	4786.5	114.4	8069.6	9033.5	-10.7
顺义区	28308.7	26506.7	6.8	16794.3	14754.5	13.8	7443.9	7226.7	3.0
昌平区	5249.9	4328.5	21.3	2581.0	2049.9	25.9	1619.9	1422.3	13.9
大兴区	30601.7	30173.4	1.4	11378.3	10034.0	13.4	15649.9	16463.1	-4.9
怀柔区	6807.4	6679.9	1.9	4327.9	4680.1	-7.5	1287.8	1065.6	20.9
平谷区	11879.5	10806.2	9.9	8008.2	7370.8	8.6	2816.8	2512.0	12.1
密云区	17007.4	15986.4	6.4	10959.5	10746.3	2.0	4705.6	4174.5	12.7
延庆区	16268.8	16239.1	0.2	11353.0	11058.4	2.7	3219.1	3045.3	5.7

3–21 主要经济作物产量

单位：吨

各　区	蔬菜及食用菌			干鲜果品			#鲜　果		
	2023	2022	增长速度（%）	2023	2022	增长速度（%）	2023	2022	增长速度（%）
全　　市	**2074820.7**	**1988641.1**	**4.3**	**309195.0**	**293514.3**	**5.3**	**288901.2**	**267493.2**	**8.0**
朝 阳 区	8637.0	7888.7	9.5	280.7	140.0	100.5	280.7	140.0	100.5
丰 台 区	5559.2	4433.8	25.4	566.5	737.4	-23.2	566.5	737.4	-23.2
海 淀 区	25343.5	23729.9	6.8	2857.9	4312.4	-33.7	2845.7	4291.2	-33.7
门头沟区	1816.4	1711.8	6.1	1446.6	2414.9	-40.1	1426.4	2293.0	-37.8
房 山 区	191909.5	209184.2	-8.3	15939.7	18157.7	-12.2	15537.8	17601.7	-11.7
通 州 区	382164.1	382115.1	0.01	6852.2	7577.9	-9.6	6813.3	7506.7	-9.2
顺 义 区	372340.7	346021.3	7.6	14688.0	16388.7	-10.4	14532.7	16263.0	-10.6
昌 平 区	53095.1	45078.9	17.8	14503.2	10417.2	39.2	13903.8	9659.9	43.9
大 兴 区	585644.2	577203.7	1.5	15847.1	22657.0	-30.1	15830.6	22636.8	-30.1
怀 柔 区	47968.3	40156.2	19.5	14372.4	16166.4	-11.1	5935.4	6827.1	-13.1
平 谷 区	103147.4	84303.8	22.4	191159.4	152135.4	25.7	188648.5	149636.8	26.1
密 云 区	189115.1	171057.9	10.6	24796.7	34666.5	-28.5	17070.3	22968.2	-25.7
延 庆 区	108080.2	95755.8	12.9	5884.6	7742.8	-24.0	5509.5	6931.4	-20.5

3–21 续表1

各　区	瓜类及草莓（吨）			鲜切花（百枝）		
	2023	2022	增长速度（%）	2023	2022	增长速度（%）
全　市	**128754.4**	**115842.4**	**11.1**	**143950.5**	**203950.7**	**-29.4**
朝 阳 区	49.6	114.3	-56.6			
丰 台 区	32.2	27.8	15.8			
海 淀 区	665.7	715.3	-6.9		229.0	
门头沟区	0.5	2.2	-77.3			
房 山 区	2378.6	1533.4	55.1	1813.8	2874.5	-36.9
通 州 区	2949.9	3263.9	-9.6	13375.0	9690.0	38.0
顺 义 区	43382.5	44530.9	-2.6	34814.3	48019.6	-27.5
昌 平 区	7377.7	7867.1	-6.2	13553.2	15320.0	-11.5
大 兴 区	54701.7	48697.4	12.3	800.0	1710.0	-53.2
怀 柔 区	1187.4	680.2	74.6	531.1	850.0	-37.5
平 谷 区	2991.0	2133.7	40.2	3133.0	1882.0	66.5
密 云 区	3172.1	2410.7	31.6			
延 庆 区	9865.4	3865.5	155.2	75930.1	123375.5	-38.5

3-21 续表2

各 区	盆栽花（百盆）			盆栽观叶植物（百盆）		
	2023	2022	增长速度（%）	2023	2022	增长速度（%）
全 市	**756538.3**	**835561.9**	**-9.5**	**701.3**	**2823.3**	**-75.2**
朝阳区						
丰台区	660.0	660.0				
海淀区	1670.6	3709.0	-55.0		67.0	
门头沟区				100.0	800.0	-87.5
房山区	28960.3	26651.3	8.7		1000.0	
通州区	41295.5	39563.7	4.4	53.0	24.4	117.2
顺义区	426867.0	441576.8	-3.3	490.7	748.6	-34.5
昌平区	54254.5	24067.7	125.4		2.0	
大兴区	186600.8	276830.0	-32.6			
怀柔区	1603.0	2220.5	-27.8	16.6	80.0	-79.3
平谷区	7932.8	7596.0	4.4			
密云区	211.5	700.2	-69.8			
延庆区	6482.2	11986.8	-45.9	41.1	101.3	-59.5

3–22 粮食播种面积及产量情况

各　区	粮食播种面积（公顷）			粮食产量（吨）		
	2023	2022	增长速度（%）	2023	2022	增长速度（%）
全　市	**89465.0**	**76734.4**	**16.6**	**477797.8**	**453565.9**	**5.3**
朝 阳 区	525.8	424.4	23.9	1893.8	1780.5	6.4
丰 台 区	235.2	182.0	29.2	684.8	664.8	3.0
海 淀 区	523.1	541.8	-3.4	2940.6	2521.3	16.6
门头沟区	527.5	458.9	14.9	679.8	919.1	-26.0
房 山 区	11991.3	9646.8	24.3	51982.2	54342.5	-4.3
通 州 区	10260.0	4786.5	114.4	58402.3	27639.8	111.3
顺 义 区	16794.3	14754.5	13.8	97085.2	85366.4	13.7
昌 平 区	2581.0	2049.9	25.9	9001.1	8566.7	5.1
大 兴 区	11378.3	10034.0	13.4	63305.5	55123.1	14.8
怀 柔 区	4327.9	4680.1	-7.5	23395.2	26283.4	-11.0
平 谷 区	8008.2	7370.8	8.6	48656.3	44928.2	8.3
密 云 区	10959.5	10746.3	2.0	51809.0	60893.7	-14.9
延 庆 区	11353.0	11058.4	2.7	67962.1	84411.7	-19.5

注：全市粮食产量为抽样调查推算数据，故分区数据之和不等于全市。

3-23 主要畜禽产品产量

单位：吨

各　区	肉　类			#猪牛羊肉		
	2023	2022	增长速度（%）	2023	2022	增长速度（%）
全　市	**41899.4**	**43262.7**	**-3.2**	**33992.8**	**33994.5**	**…**
朝阳区						
丰台区						
海淀区	150.4	89.7	67.6	148.2	84.9	74.5
门头沟区	17.6	4.0	342.5	7.2	2.6	177.1
房山区	10241.5	4811.0	112.9	10143.0	3756.7	170.0
通州区	1634.7	2484.3	-34.2	403.4	1421.2	-71.6
顺义区	9625.7	10767.3	-10.6	8829.6	10009.7	-11.8
昌平区	2001.7	2665.9	-24.9	1764.7	2552.7	-30.9
大兴区	880.9	807.4	9.1	871.6	390.9	122.9
怀柔区	192.8	2269.4	-91.5	182.5	2259.6	-91.9
平谷区	6243.4	7792.0	-19.9	2278.3	3155.0	-27.8
密云区	7672.0	5673.0	35.2	6826.2	5090.0	34.1
延庆区	3238.6	5898.6	-45.1	2538.1	5271.1	-51.8

3-23 续表

单位：吨

各区	牛奶			禽蛋		
	2023	2022	增长速度（%）	2023	2022	增长速度（%）
全市	**265245.7**	**262167.1**	**1.1**	**91220.7**	**87323.8**	**4.2**
朝阳区						
丰台区						
海淀区	36.6	72.7	-49.7			
门头沟区	14.0	11.0	27.3	42.9	32.8	30.6
房山区	8816.2	10931.0	-19.3	1305.5	2505.9	-47.9
通州区	69365.7	62315.1	11.3	9.8	8.7	12.4
顺义区	42947.6	46360.2	-7.4	2051.7	2993.4	-31.5
昌平区	31960.8	30586.1	4.5	1373.2	1098.3	25.0
大兴区	27755.4	25776.1	7.7	8.0	739.8	-98.9
怀柔区	2.7	3.6	-25.0	161.6	144.3	12.0
平谷区	2540.5	1739.0	46.1	68070.7	62682.7	8.6
密云区	51925.2	54884.8	-5.4	5479.5	5541.9	-1.1
延庆区	29880.9	29487.4	1.3	12717.9	11576.0	9.9

3–24 水产品产量

单位：吨

各　区	2023	2022
全　市	**18554**	**17492**
朝 阳 区	68	110
丰 台 区		
海 淀 区		
门头沟区	4	
房 山 区	766	934
通 州 区	1572	2121
顺 义 区	3153	2399
昌 平 区	654	625
大 兴 区	60	49
怀 柔 区	145	98
平 谷 区	3443	4021
密 云 区	1357	2801
延 庆 区	40	82

注：全市合计数中含远洋捕捞数据（2023年为7292吨，2022年为4252吨），分区数据不包括，故分区数据之和不等于全市。
资料来源：北京市农业农村局。

3-25 生猪饲养和产量情况（2023年）

各　区	年末生猪存栏（头）	生猪出栏（头）	猪肉产量（吨）
全　市	**267104**	**329423**	**26863**
朝阳区			
丰台区			
海淀区	963	1936	145
门头沟区	61	20	2
房山区	72864	105295	9034
通州区	11539	379	31
顺义区	46203	77638	6563
昌平区	12486	28125	1487
大兴区	3037	8783	797
怀柔区	15510	1182	138
平谷区	38279	20728	1607
密云区	41674	68212	5518
延庆区	24488	17125	1542

3-26 休闲农业园情况

各区	休闲农业园个数（个）		高峰期从业人员（人）		接待人次（人次）		经营总收入（万元）	
	2023	2022	2023	2022	2023	2022	2023	2022
全市	**1044**	**1027**	**30190**	**29441**	**9362035**	**7069622**	**212371.0**	**184076.0**
朝阳区	6	7	412	500	154625	143300	11723.5	6953.6
丰台区	20	20	1031	1087	2042434	1640599	18266.3	16615.7
海淀区	80	84	2513	2375	372090	205543	14633.5	10541.0
门头沟区	54	45	536	442	197358	120280	2201.1	1618.7
房山区	72	69	1016	1092	247731	128235	3158.8	3406.0
通州区	113	120	2353	2185	555115	368753	18212.3	17988.5
顺义区	96	81	2418	2234	765760	335168	22826.6	18545.9
昌平区	119	114	4236	4047	758680	403586	30910.5	27729.0
大兴区	60	49	1539	1247	605945	298286	12933.5	8081.6
怀柔区	97	128	1149	1177	915593	708898	8478.4	9861.4
平谷区	135	131	6380	6808	763534	944161	15248.1	14187.1
密云区	122	117	4343	4375	1522435	1497431	43035.4	40117.9
延庆区	70	62	2264	1872	460735	275382	10743.0	8429.8

3-27 乡村旅游情况

各区	乡村旅游实际经营接待主体（个）		高峰期从业人员（人）		乡村旅游接待人次（人次）		乡村旅游总收入（万元）	
	2023	2022	2023	2022	2023	2022	2023	2022
全市	**7738**	**7105**	**23571**	**21463**	**12739218**	**10808708**	**149700.9**	**137192.7**
朝阳区	1	1	8	8	5000	3480	56.0	102.0
海淀区	12	9	355	309	277040	209577	5725.3	4764.4
门头沟区	442	415	1567	1249	325865	262250	5643.6	7975.9
房山区	1129	1157	2150	2165	429831	621884	5152.7	7399.6
通州区	42	15	112	77	32075	12091	659.8	288.1
顺义区	35	34	218	151	290008	141318	1455.3	1777.8
昌平区	226	210	1026	913	942046	776478	8441.3	6718.7
大兴区	48	75	331	280	320991	234907	3309.6	1930.7
怀柔区	1523	1351	4559	4287	1783249	1547649	29279.5	26081.9
平谷区	617	579	1902	1901	1291690	1106186	12091.3	10574.8
密云区	2059	1868	6170	5398	3561868	3164007	40963.9	36021.5
延庆区	1604	1391	5173	4725	3479555	2728881	36922.6	33557.5

3-28 设施农业生产情况（2023年）

各 区	设施农业播种面积（公顷）	设施农业产值（万元）	#花卉苗木	设施农业产品产量 蔬菜及食用菌（吨）	瓜 果（吨）	园林水果（吨）
全 市	**31765.8**	**603949.8**	**24111.1**	**1120509.8**	**121767.5**	**2246.1**
朝阳区	90.5	1164.2		1745.5	24.5	
丰台区	77.3	862.0	80.0	1686.9	30.2	0.5
海淀区	373.5	10549.8	62.5	9635.2	665.6	6.7
门头沟区	8.4	65.6		89.9	0.5	1.0
房山区	4883.0	66784.0	1124.6	134130.1	1587.0	7.0
通州区	4201.4	68241.5	1848.0	205547.5	2299.6	328.9
顺义区	5659.1	125976.8	10041.1	251080.4	39542.2	302.7
昌平区	1133.1	46936.4	3832.8	29208.3	7226.9	4.5
大兴区	11620.0	155307.0	5528.4	353170.4	53885.1	381.9
怀柔区	257.4	9141.8	19.5	16955.6	658.5	62.3
平谷区	982.5	34116.1	374.4	34591.7	2918.9	606.6
密云区	1264.7	62308.1	23.5	51215.0	3128.2	454.1
延庆区	1214.9	22496.5	1176.3	31453.4	9800.4	90.0

3-29 种业生产情况（2023年）

各 区	种业收入（万元）	#销往外埠收入（万元）	种业产品产量						
			小麦种（公斤）	玉米种（公斤）	树 苗（百株）	种 猪（头）	种 羊（只）	种雏禽（万只）	种鱼苗（万尾）
全 市	**115036.0**	**86506.7**	**1438000**	**52700**	**734.4**	**48537**	**673**	**1646.0**	**6198.3**
朝阳区	1071.3				722.3				
海淀区	134.2				4.0	291			
房山区	204.5	180.0							600.0
通州区	2284.2	1016.4	1438000		0.2		20		270.0
顺义区	34049.1	33199.1				14379	653	622.3	
昌平区	19515.8	15199.0			7.0	305		49.8	
大兴区	2683.3	267.7							
怀柔区	869.6	819.9							1914.8
平谷区	28486.8	13752.5				32383		886.1	
密云区	9651.6	9301.1		52700		1179			3363.5
延庆区	16085.6	12771.0			1.0			87.8	50.0

3-30 规模以上工业总产值情况

单位：亿元

各　区	工业总产值		#国有控股	
	2023	2022	2023	2022
全　市	**24652.2**	**23870.0**	**15676.8**	**14872.7**
东 城 区	68.0	93.6	61.8	84.9
西 城 区	610.2	625.4	188.7	211.2
朝 阳 区	780.8	796.3	495.6	473.7
丰 台 区	511.2	511.1	393.4	376.6
石景山区	193.1	251.8	155.9	219.4
海 淀 区	3017.0	3057.7	913.4	801.7
门头沟区	58.2	57.2	9.8	9.6
房 山 区	1071.3	1017.7	821.7	827.9
通 州 区	640.7	610.5	167.3	162.1
顺 义 区	1733.9	1540.7	1013.5	959.0
昌 平 区	1401.2	1364.9	521.6	531.1
大 兴 区	878.3	1032.9	339.1	349.6
怀 柔 区	545.4	448.5	89.0	66.5
平 谷 区	232.1	180.9	99.6	49.6
密 云 区	234.3	229.0	35.9	32.8
延 庆 区	163.6	140.2	130.8	108.3
北京经济技术开发区	4967.2	5128.7	2694.0	2825.8

注：1. 本表统计范围为年主营业务收入2000万元及以上的工业法人企业，下同。
2. 国家电网公司、国网冀北电力有限公司、国网北京市电力公司的工业总产值由市统计局统一核算，故分区数据之和不等于全市。

3-30 续表1

单位：亿元

各区	工业总产值					
	内资		港澳台投资企业		外商投资企业	
	2023	2022	2023	2022	2023	2022
全市	**16661.3**	**15694.0**	**2690.9**	**2755.9**	**5300.0**	**5420.1**
东城区	68.0	91.0				2.6
西城区	193.0	215.9	416.9	408.5	0.3	1.0
朝阳区	537.0	506.4	85.4	113.1	158.5	176.8
丰台区	501.5	477.4	1.0	1.9	8.7	31.8
石景山区	152.5	210.6	35.8	35.8	4.7	5.4
海淀区	1429.7	1332.3	1438.0	1543.0	149.2	182.4
门头沟区	57.7	56.1			0.5	1.1
房山区	1003.5	982.5	55.4	21.4	12.4	13.8
通州区	481.2	448.7	12.7	9.9	146.7	151.9
顺义区	747.7	754.9	141.6	27.9	844.7	757.9
昌平区	987.8	1033.0	66.3	31.8	347.1	300.2
大兴区	679.1	702.3	28.2	151.3	171.0	179.3
怀柔区	221.9	198.0	19.2	19.7	304.3	230.8
平谷区	171.9	124.2	11.0	6.6	49.3	50.1
密云区	157.6	155.7	21.1	21.4	55.5	51.9
延庆区	155.2	132.0	7.8	7.7	0.6	0.5
北京经济技术开发区	1570.4	1490.1	350.4	355.8	3046.4	3282.8

注：本表登记注册统计类别划分标准执行《关于市场主体统计分类的划分规定》（国统字〔2023〕14号）。

3-30 续表2

单位：亿元

各 区	工业总产值					
	#大型企业		#中型企业		#小型企业	
	2023	2022	2023	2022	2023	2022
全 市	**16444.2**	**15939.1**	**3931.3**	**3710.5**	**4067.3**	**4023.0**
东城区	57.7	62.0		4.2	10.2	27.4
西城区	524.5	526.9	27.8	33.9	47.3	63.3
朝阳区	232.0	265.8	274.2	249.9	268.6	269.9
丰台区	222.3	223.1	130.6	128.8	154.4	156.2
石景山区	56.9	142.7	56.5	42.3	77.9	66.7
海淀区	1819.7	1761.7	715.5	831.4	474.0	454.4
门头沟区	22.6	20.7		2.8	31.0	27.7
房山区	641.7	701.2	208.1	84.0	215.5	228.1
通州区	93.1	93.5	212.0	216.8	311.3	281.1
顺义区	942.1	773.7	440.4	422.9	339.1	330.0
昌平区	591.7	551.5	303.0	285.2	435.8	427.3
大兴区	147.4	324.3	259.2	230.4	457.0	470.1
怀柔区	259.4	165.6	95.8	91.9	182.6	186.9
平谷区	4.0	4.2	115.6	70.3	108.6	101.9
密云区	24.0	28.2	95.9	75.1	109.3	122.3
延庆区	11.1		20.3	20.5	132.0	118.2
北京经济技术开发区	3248.4	3510.9	976.3	920.1	712.6	691.6

注：企业大中小型划分标准执行国家统计局《关于统计上大中小微型企业划分办法（2017）》（国统字〔2017〕213号），下同。

3-30 续表3

单位：亿元

各区	工业总产值			
	轻工业		重工业	
	2023	2022	2023	2022
全　市	**3326.8**	**3388.4**	**21325.4**	**20481.7**
东城区	3.4	7.0	64.6	86.6
西城区	33.6	37.6	576.6	587.8
朝阳区	84.8	86.2	696.0	710.2
丰台区	59.2	70.3	452.0	440.8
石景山区	6.4	5.5	186.7	246.3
海淀区	223.8	163.9	2793.2	2893.8
门头沟区	5.6	7.0	52.6	50.2
房山区	187.7	87.2	883.6	930.5
通州区	304.2	299.8	336.5	310.7
顺义区	351.2	340.4	1382.8	1200.3
昌平区	390.6	358.5	1010.6	1006.4
大兴区	437.1	584.5	441.1	448.4
怀柔区	164.2	156.9	381.2	291.5
平谷区	77.6	75.6	154.5	105.3
密云区	94.6	97.0	139.7	132.0
延庆区	19.4	13.7	144.3	126.6
北京经济技术开发区	883.5	997.2	4083.8	4131.5

3-31 规模以上工业企业主要财务指标

单位：个

各 区	企业单位数		2023年企业单位数中				
	2023	2022	#大 型	#中 型	#小 型	轻工业	重工业
全 市	**3145**	**3141**	**111**	**423**	**2376**	**1024**	**2121**
东 城 区	19	19	1		18	8	11
西 城 区	32	35	7	5	17	10	22
朝 阳 区	195	196	4	26	148	47	148
丰 台 区	142	140	6	18	108	24	118
石景山区	43	36	2	7	31	7	36
海 淀 区	378	395	17	57	288	68	310
门头沟区	30	28	1		27	5	25
房 山 区	159	159	4	19	130	56	103
通 州 区	333	332	5	31	243	112	221
顺 义 区	329	336	14	41	250	124	205
昌 平 区	317	311	10	39	245	101	216
大 兴 区	303	302	7	38	239	152	151
怀 柔 区	164	161	3	17	130	75	89
平 谷 区	114	117	1	14	91	54	60
密 云 区	134	134	1	12	112	44	90
延 庆 区	43	45	1	5	35	12	31
北京经济技术开发区	410	395	27	94	264	125	285

3-31 续表1

单位：个

各 区	2023年企业单位数中			
	#国有控股	内 资	港澳台投资	外商投资
全 市	**688**	**2565**	**138**	**442**
东城区	9	19		
西城区	22	30	1	1
朝阳区	68	164	11	20
丰台区	52	135	2	5
石景山区	13	37	2	4
海淀区	97	333	15	30
门头沟区	4	29		1
房山区	37	149	4	6
通州区	50	289	5	39
顺义区	66	231	16	82
昌平区	68	267	12	38
大兴区	60	266	8	29
怀柔区	24	119	13	32
平谷区	12	75	7	32
密云区	23	114	7	13
延庆区	12	39	2	2
北京经济技术开发区	71	269	33	108

注：本表登记注册统计类别划分标准执行《关于市场主体统计分类的划分规定》（国统字〔2023〕14号）。

3-31 续表2

单位：亿元

各　区	资产总计		负债合计		营业收入	
	2023	2022	2023	2022	2023	2022
全　市	**72994.0**	**66052.5**	**32590.1**	**29327.9**	**28950.6**	**27713.6**
东 城 区	174.8	309.1	113.9	171.6	77.3	112.5
西 城 区	32951.2	28805.8	11149.1	9837.8	8299.9	7638.7
朝 阳 区	2378.0	2417.0	988.2	1020.4	964.6	969.2
丰 台 区	1123.3	1240.6	558.5	639.1	595.2	582.8
石景山区	4106.1	3936.2	2528.6	2521.8	519.7	546.1
海 淀 区	7808.9	7115.5	3857.4	3389.5	4764.2	4553.4
门头沟区	176.3	169.3	81.9	75.9	58.2	63.9
房 山 区	1051.7	916.8	657.0	524.8	1079.7	1049.4
通 州 区	1564.2	1219.3	665.9	619.2	855.0	834.4
顺 义 区	3289.5	2924.2	2163.5	1805.7	1882.7	1647.1
昌 平 区	3306.0	3172.7	1689.9	1628.1	1766.6	1778.3
大 兴 区	2165.6	2100.6	667.0	684.3	1076.4	1133.1
怀 柔 区	798.8	749.0	444.5	411.3	651.2	563.7
平 谷 区	323.1	271.9	199.6	156.5	250.3	214.8
密 云 区	454.4	443.5	250.3	244.2	263.3	259.5
延 庆 区	305.7	253.3	152.8	124.1	163.6	148.3
北京经济技术开发区	11016.3	10007.5	6421.8	5473.5	5682.6	5618.4

3-31 续表3

单位：亿元

各　区	利润总额		利税总额	
	2023	2022	2023	2022
全　市	**1684.1**	**1998.7**	**2518.5**	**2970.5**
东城区	2.7	2.6	4.2	5.3
西城区	501.1	437.9	614.3	632.6
朝阳区	99.7	102.2	129.3	138.5
丰台区	16.9	41.6	33.0	59.4
石景山区	59.4	31.2	75.4	51.9
海淀区	238.1	348.2	287.9	409.4
门头沟区	2.9	3.5	5.2	5.7
房山区	-8.2	10.1	90.0	116.1
通州区	42.4	35.2	111.7	98.0
顺义区	12.3	15.0	99.5	100.2
昌平区	122.5	139.5	176.8	185.2
大兴区	80.3	112.8	115.3	149.7
怀柔区	22.5	14.2	39.5	33.1
平谷区	17.7	7.8	21.7	13.9
密云区	13.3	13.1	21.7	22.3
延庆区	10.5	6.6	13.4	11.6
北京经济技术开发区	450.1	677.5	679.6	937.7

3-31 续表4

各区	应交税金合计（亿元）		#应交增值税		平均用工人数（人）	
	2023	2022	2023	2022	2023	2022
全市	**1121.6**	**1270.1**	**477.3**	**623.2**	**806310**	**817131**
东城区	1.7	7.0	0.9	1.8	3793	4782
西城区	173.5	245.0	77.1	162.4	60998	64694
朝阳区	44.8	53.5	23.0	29.7	52543	55308
丰台区	17.7	23.5	13.4	15.1	34283	35907
石景山区	17.6	24.9	10.2	16.0	18182	20146
海淀区	75.0	90.8	38.2	50.7	97594	100651
门头沟区	2.7	2.7	1.9	1.8	5249	5310
房山区	104.5	112.0	17.6	24.5	35639	35415
通州区	76.9	69.8	28.8	25.4	51956	52141
顺义区	100.1	93.2	43.7	47.5	89306	92956
昌平区	66.5	63.4	45.9	38.1	69684	69025
大兴区	50.3	46.6	27.6	30.5	57312	55589
怀柔区	19.3	20.4	9.7	13.8	31203	31532
平谷区	6.8	7.7	2.7	5.0	19571	19904
密云区	10.7	11.3	6.5	7.2	18615	19047
延庆区	4.1	5.7	2.3	4.4	6939	6816
北京经济技术开发区	349.4	392.3	127.7	149.3	153443	147908

注：应交税金合计主要包括应交增值税、应交所得税和税金及附加等。计算应交增值税时企业应交增值税为负数的按实际计算。

3-32 建筑业主要指标

各 区	企业单位数（个）			建筑业总产值（亿元）		
	2023	2022	增长速度（%）	2023	2022	增长速度（%）
全 市	**2868**	**2768**	**3.6**	**14318.5**	**13726.8**	**4.3**
东 城 区	98	99	-1.0	679.0	823.7	-17.6
西 城 区	130	148	-12.2	783.0	863.0	-9.3
朝 阳 区	502	516	-2.7	1979.5	1880.7	5.3
丰 台 区	273	225	21.3	2878.6	2752.6	4.6
石景山区	81	78	3.8	848.1	852.2	-0.5
海 淀 区	290	301	-3.7	1556.5	1544.1	0.8
门头沟区	80	67	19.4	218.0	166.4	31.0
房 山 区	161	140	15.0	184.2	143.0	28.8
通 州 区	192	198	-3.0	2329.0	2168.0	7.4
顺 义 区	195	186	4.8	505.8	467.2	8.3
昌 平 区	195	162	20.4	306.9	265.2	15.7
大 兴 区	168	217	-22.6	723.1	551.9	31.0
怀 柔 区	100	92	8.7	199.5	161.5	23.5
平 谷 区	128	121	5.8	95.5	101.4	-5.7
密 云 区	74	72	2.8	182.3	185.1	-1.5
延 庆 区	55	53	3.8	61.4	24.3	152.5
北京经济技术开发区	146	93	57.0	788.0	776.5	1.5

注：1. 本表统计范围为施工总承包、专业承包建筑业企业。
2. 按照国家统计局统一要求，本表2022年数据进行了修订。

3-32 续表1

单位：亿元

各区	营业收入			利润总额			应交增值税		
	2023	2022	增长速度（%）	2023	2022	增长速度（%）	2023	2022	增长速度（%）
全　市	**18160.9**	**18016.9**	**0.8**	**877.0**	**989.9**	**-11.4**	**221.4**	**223.9**	**-1.1**
东 城 区	987.3	1209.0	-18.3	97.8	89.4	9.4	10.9	16.8	-35.0
西 城 区	838.1	956.2	-12.4	25.3	10.4	143.3	11.1	13.8	-19.3
朝 阳 区	3013.0	2984.5	1.0	24.1	21.2	13.6	44.8	46.3	-3.1
丰 台 区	3713.4	3700.8	0.3	248.2	331.0	-25.0	46.6	42.9	8.7
石景山区	1175.2	1323.8	-11.2	29.4	35.0	-16.1	11.7	7.7	50.8
海 淀 区	2723.4	2510.3	8.5	345.6	390.2	-11.4	29.8	24.9	19.8
门头沟区	454.9	405.6	12.1	0.0	2.3	-98.2	3.3	3.6	-8.2
房 山 区	267.0	216.5	23.3	4.3	0.1	3336.3	6.3	5.0	27.6
通 州 区	2099.1	2031.9	3.3	50.5	66.9	-24.6	19.1	17.2	11.1
顺 义 区	483.1	473.2	2.1	11.1	9.9	12.5	7.4	11.4	-35.0
昌 平 区	290.7	269.6	7.8	6.0	4.3	40.5	5.8	6.2	-7.1
大 兴 区	564.6	436.1	29.4	0.4	0.6	-36.9	9.0	7.8	14.6
怀 柔 区	182.8	136.0	34.4	3.1	3.1	-2.2	3.0	3.0	2.6
平 谷 区	114.4	121.4	-5.7	2.8	1.6	78.9	2.4	2.7	-12.2
密 云 区	166.7	186.9	-10.8	3.3	4.9	-32.8	4.5	3.8	16.7
延 庆 区	40.1	44.5	-10.0	-0.2	0.1	-508.3	1.1	1.1	-7.8
北京经济技术开发区	1047.0	1010.3	3.6	25.4	18.9	34.6	4.7	9.7	-51.9

3-32 续表2

单位：亿元

各区	资产总计			负债合计			所有者权益合计		
	2023	2022	增长速度（%）	2023	2022	增长速度（%）	2023	2022	增长速度（%）
全　市	**41611.1**	**38367.1**	**8.5**	**27929.4**	**25255.6**	**10.6**	**13676.9**	**13111.5**	**4.3**
东城区	3276.9	3210.8	2.1	2041.7	1952.7	4.6	1235.1	1258.0	-1.8
西城区	2207.5	2096.1	5.3	1620.9	1625.1	-0.3	586.5	471.0	24.5
朝阳区	5196.8	4776.3	8.8	4212.3	3808.3	10.6	980.0	968.0	1.2
丰台区	9324.5	8745.4	6.6	5794.7	5385.6	7.6	3529.7	3359.8	5.1
石景山区	2045.7	1865.6	9.7	1669.3	1516.8	10.1	376.4	348.8	7.9
海淀区	11146.4	10103.7	10.3	6060.9	5135.1	18.0	5085.6	4968.6	2.4
门头沟区	637.6	501.8	27.1	547.9	420.1	30.4	89.7	81.7	9.8
房山区	639.8	675.8	-5.3	529.1	562.4	-5.9	110.7	113.4	-2.4
通州区	2614.0	2307.8	13.3	1940.3	1680.6	15.5	673.7	627.2	7.4
顺义区	890.0	848.9	4.8	672.7	653.0	3.0	217.3	195.9	10.9
昌平区	363.6	328.6	10.6	261.1	237.8	9.8	102.4	90.8	12.9
大兴区	766.6	549.4	39.5	594.6	417.0	42.6	172.0	132.4	29.9
怀柔区	315.6	248.8	26.9	264.5	209.2	26.4	51.2	39.5	29.4
平谷区	206.0	188.3	9.4	137.6	123.2	11.7	68.5	65.1	5.2
密云区	282.9	315.4	-10.3	209.6	241.7	-13.3	73.3	73.6	-0.4
延庆区	97.6	103.1	-5.4	80.0	85.6	-6.6	17.6	17.5	0.4
北京经济技术开发区	1599.4	1501.3	6.5	1292.2	1201.3	7.6	307.2	300.0	2.4

3-33 社会消费品零售总额（2023年）

单位：亿元

各　区	社会消费品零售总额	比2022年增长（%）
全　市	**14462.7**	**4.8**
东 城 区	1322.9	7.7
西 城 区	1059.2	7.3
朝 阳 区	3355.5	5.5
丰 台 区	1361.3	2.4
石景山区	325.1	-17.3
海 淀 区	2849.6	4.9
门头沟区	113.5	4.3
房 山 区	367.7	5.3
通 州 区	563.5	4.4
顺 义 区	633.6	9.9
昌 平 区	724.1	5.9
大 兴 区	707.1	10.5
怀 柔 区	234.2	1.7
平 谷 区	161.0	4.0
密 云 区	182.7	12.2
延 庆 区	109.9	5.5
北京经济技术开发区	391.9	-4.6

注：社会消费品零售总额按产业在地口径核算。

3-34 商品交易市场情况

各区	市场个数（个）		总摊位数（个）		出租摊位数（个）		营业面积（万平方米）		成交额（亿元）	
	2023	2022	2023	2022	2023	2022	2023	2022	2023	2022
全 市	**413**	**422**	**123894**	**126837**	**88648**	**87727**	**845.3**	**837.8**	**3262.1**	**2891.2**
东城区	17	18	9562	10925	7120	7020	30.9	30.9	27.3	14.5
西城区	15	15	2487	2468	2095	2047	8.2	8.1	8.5	9.0
朝阳区	70	75	25748	26563	20090	20803	165.8	179.6	298.1	322.0
丰台区	54	57	17341	17977	15287	15112	232.8	237.8	2122.4	1716.1
石景山区	12	12	1609	1630	1361	1407	13.7	13.7	10.2	9.5
海淀区	20	21	7680	7806	7084	7305	47.5	47.9	268.1	274.4
门头沟区	5	5	773	774	743	750	2.5	2.5	3.1	3.7
房山区	42	38	5342	5384	3246	3597	23.4	23.3	9.6	7.8
通州区	30	30	8613	8868	6744	6130	38.3	35.8	101.9	105.3
顺义区	40	43	11480	11084	6927	6885	105.3	81.7	260.6	255.3
昌平区	28	29	8641	9130	6278	6814	38.2	39.2	83.6	106.4
大兴区	14	14	2739	2948	1299	1185	22.4	22.2	9.9	8.9
怀柔区	11	11	3232	3232	2552	2607	12.4	12.4	21.5	20.5
平谷区	23	22	10428	9939	3463	2364	64.2	63.4	14.7	14.5
密云区	26	25	6735	6586	3173	2479	31.9	31.2	14.3	15.7
延庆区	4	4	940	938	827	847	4.5	4.5	8.0	7.2
北京经济技术开发区	2	3	544	585	359	375	3.4	3.6	0.5	0.6

3-35 实际利用外商直接投资额

单位：万美元

各　区	2023	2022
全　市	**1371411**	**1740768**
东 城 区	33316	67273
西 城 区	11728	130443
朝 阳 区	310467	631112
丰 台 区	13120	17946
石景山区	12295	33567
海 淀 区	654388	637095
门头沟区	1718	2919
房 山 区	16160	3002
通 州 区	19811	8308
顺 义 区	74586	88049
昌 平 区	42029	36919
大 兴 区	8368	15194
怀 柔 区	2060	16426
平 谷 区	57052	8340
密 云 区	1567	3787
延 庆 区	1952	1173
北京经济技术开发区	110794	39215

资料来源：北京市商务局。

3-36 银行、保险系统机构人员情况（2023年）

各区	合计		总行、总公司		分行、分公司		支行、支公司	
	机构（个）	从业人员（人）	机构（个）	从业人员（人）	机构（个）	从业人员（人）	机构（个）	从业人员（人）
全市	**4398**	**350203**	**112**	**152059**	**200**	**50486**	**3277**	**106058**
东城区	329	32739	6	4245	26	10194	268	11488
西城区	472	112235	38	74353	44	19551	352	13901
朝阳区	979	83114	33	30203	96	15484	690	22923
丰台区	339	15530	5	4137	12	2453	262	6781
石景山区	119	9704	6	5878	4	255	90	2545
海淀区	694	42568	7	20373	14	1572	566	16590
门头沟区	62	1206	1	32			46	1012
房山区	146	4985	1	37			103	3463
通州区	212	7169	1	30	3	735	155	4935
顺义区	197	14772	5	9675			146	4228
昌平区	205	9797	3	2849			149	5736
大兴区	181	4799	1	49			146	3687
怀柔区	101	2162	1	48			60	1542
平谷区	110	3068	1	34			71	2386
密云区	105	2641	1	33			65	2000
延庆区	66	1569	2	83			39	1075
北京经济技术开发区	81	2145			1	242	69	1766

3-36 续表

各　区	分理处		储蓄所		其　他	
	机　构（个）	从业人员（人）	机　构（个）	从业人员（人）	机　构（个）	从业人员（人）
全　市	**609**	**6439**	**5**	**25**	**195**	**35136**
东 城 区	16	277			13	6535
西 城 区	23	471	1	9	14	3950
朝 阳 区	103	1626			57	12878
丰 台 区	52	571	1	3	7	1585
石景山区	13	117			6	909
海 淀 区	89	1134	2	8	16	2891
门头沟区	12	82			3	80
房 山 区	31	212			11	1273
通 州 区	41	294			12	1175
顺 义 区	34	341			12	528
昌 平 区	41	330	1	5	11	877
大 兴 区	29	271			5	792
怀 柔 区	34	151			6	421
平 谷 区	31	152			7	496
密 云 区	31	180			8	428
延 庆 区	19	110			6	301
北京经济技术开发区	10	120			1	17

3-37 中资银行人民币存款余额（2023年）

单位：万元

各 区	各项存款	单位存款	个人存款	#储蓄存款	其他存款
全 市	**2339259656**	**1222872299**	**636904296**	**507618493**	**479483062**
东城区	294955221	189553844	52470089	41299079	52931287
西城区	710651226	360712078	80470493	63572423	269468656
朝阳区	377430108	175844245	134699003	104539643	66886860
丰台区	117034436	40551747	59023559	48476310	17459130
石景山区	31725861	9098865	16884446	13305969	5742550
海淀区	500123932	315142781	130253734	104501518	54727417
门头沟区	10446134	3707048	6713548	5064560	25538
房山区	24367297	7052096	17031269	13808424	283932
通州区	83773317	48823242	28860046	23875818	6090030
顺义区	38843754	15940317	21460370	16879491	1443067
昌平区	42440535	11158167	30572643	25264794	709725
大兴区	74027718	35697062	35193735	28281420	3136920
怀柔区	10347517	3914871	6413307	5180964	19339
平谷区	7530517	2026142	5471840	4338765	32535
密云区	8966692	1793201	6791037	5430996	382453
延庆区	6595392	1856591	4595176	3798320	143624

注：本表统计范围包括中国邮政储蓄银行北京分行、国有商业银行北京市分行、股份制商业银行在京营业机构、北京银行、北京农商银行。

资料来源：中国人民银行北京市分行。

3–38 中资银行人民币贷款余额（2023年）

单位：万元

各区	各项贷款	境内贷款	短期贷款	#个人消费贷款	中长期贷款	#个人消费贷款	其他贷款	境外贷款
全市	**1045528559**	**1042742650**	**307437595**	**42455041**	**673381022**	**126719571**	**61924033**	**2785908**
东城区	133513756	133402785	41248515	2087560	79502413	18088354	12651857	110971
西城区	375211524	374097327	107146583	10860471	226990845	26877416	39959899	1114197
朝阳区	157402170	156941504	49806336	7543684	104068515	28716643	3066652	460666
丰台区	74291059	74133974	21843287	2744173	49863690	9173708	2426997	157084
石景山区	16499266	16489132	4337024	229196	12128635	1874556	23473	10134
海淀区	143750357	142864083	38881464	4049148	102714207	20243619	1268412	886275
门头沟区	3803115	3802894	1508050	37393	2287551	587508	7292	221
房山区	11439340	11437711	3789717	105150	7643398	1910219	4596	1628
通州区	26813153	26807070	6757119	1353530	19521405	4559179	528546	6083
顺义区	27794741	27780290	15376228	9991944	12367026	3174766	37037	14450
昌平区	14867591	14861431	4185407	1591851	10428139	4427456	247884	6160
大兴区	43471681	43456252	7994365	1664813	33913825	4089006	1548062	15428
怀柔区	4617523	4615468	1282897	49905	3272493	651342	60078	2055
平谷区	3318539	3317985	1229407	48768	2087164	840732	1415	554
密云区	5634964	5634964	1340610	63883	4209491	1133067	84863	
延庆区	3099779	3099779	710585	33572	2382225	372000	6969	

注：本表统计范围包括中国邮政储蓄银行北京分行、国有商业银行北京市分行、股份制商业银行在京营业机构、北京银行、北京农商银行。

资料来源：中国人民银行北京市分行。

3-39　规模以上文化产业法人单位基本情况（2023年）

各　　区	收入合计（亿元）	资产总计（亿元）	年末从业人员（万人）
全　　市	**20638.3**	**33933.7**	**57.5**
东 城 区	1352.9	3165.2	5.2
西 城 区	1023.5	2562.2	6.8
朝 阳 区	3145.0	4796.6	14.7
丰 台 区	285.6	600.5	2.2
石景山区	1319.2	1386.7	2.3
海 淀 区	11663.0	17937.2	18.8
门头沟区	25.6	84.1	0.1
房 山 区	28.0	28.2	0.2
通 州 区	358.0	1522.1	1.9
顺 义 区	234.3	219.4	1.0
昌 平 区	192.6	255.4	0.9
大 兴 区	119.0	214.7	1.0
怀 柔 区	149.4	432.2	0.5
平 谷 区	63.6	57.3	0.3
密 云 区	65.0	99.8	0.4
延 庆 区	12.6	42.5	0.2
北京经济技术开发区	600.9	529.6	0.9

注：表中数据均为2023年1-12月定报数据。

3-40 居民收支情况

单位：元

各区	人均可支配收入			人均消费支出		
	2023	2022	名义增速（%）	2023	2022	名义增速（%）
全市	**81752**	**77415**	**5.6**	**47586**	**42683**	**11.5**
东城区	96429	92040	4.8	58393	52078	12.1
西城区	104187	99276	4.9	60316	54809	10.0
朝阳区	92501	86981	6.3	51817	45756	13.2
丰台区	79326	74365	6.7	49840	44516	12.0
石景山区	91354	86994	5.0	49699	44837	10.8
海淀区	101315	96153	5.4	63084	56947	10.8
门头沟区	64734	61323	5.6	37667	33854	11.3
房山区	52384	49294	6.3	31856	28414	12.1
通州区	55715	51618	7.9	37677	33143	13.7
顺义区	51237	47590	7.7	32052	28256	13.4
昌平区	63417	58483	8.4	41125	37389	10.0
大兴区	59556	55804	6.7	36613	33621	8.9
怀柔区	49796	47150	5.6	31256	28823	8.4
平谷区	48175	45320	6.3	28976	27074	7.0
密云区	46926	44271	6.0	29533	26575	11.1
延庆区	43874	41206	6.5	28398	25825	10.0

3-41 城镇居民收支情况

单位：元

各　区	人均可支配收入			人均消费支出		
	2023	2022	名义增速（%）	2023	2022	名义增速（%）
全　市	**88650**	**84023**	**5.5**	**50897**	**45617**	**11.6**
东 城 区	96429	92040	4.8	58393	52078	12.1
西 城 区	104187	99276	4.9	60316	54809	10.0
朝 阳 区	92501	86981	6.3	51817	45756	13.2
丰 台 区	79326	74365	6.7	49840	44516	12.0
石景山区	91354	86994	5.0	49699	44837	10.8
海 淀 区	101315	96153	5.4	63084	56947	10.8
门头沟区	69531	65981	5.4	39566	35667	10.9
房 山 区	61889	58251	6.2	37044	33019	12.2
通 州 区	66586	61841	7.7	43426	38068	14.1
顺 义 区	61151	56811	7.6	39324	33977	15.7
昌 平 区	68940	63702	8.2	43255	39532	9.4
大 兴 区	69340	65913	5.2	41091	38361	7.1
怀 柔 区	57566	54668	5.3	35900	32966	8.9
平 谷 区	59141	55801	6.0	33373	30500	9.4
密 云 区	58024	54780	5.9	35717	31528	13.3
延 庆 区	58507	55451	5.5	34860	32202	8.3

3–42 农村居民收支情况（2023年）

单位：元

各　区	人均可支配收入		人均消费支出	
	2023	名义增速（%）	2023	名义增速（%）
全　市	**37358**	**7.5**	**26277**	**10.7**
门头沟区	34494	6.5	25690	13.4
房 山 区	32938	6.4	21242	11.9
通 州 区	35769	8.7	27131	12.2
顺 义 区	40277	8.0	24013	9.8
昌 平 区	39911	9.3	32060	10.9
大 兴 区	37365	9.2	26454	10.6
怀 柔 区	37474	7.1	23892	7.9
平 谷 区	36895	7.0	24453	2.2
密 云 区	34496	6.4	22606	7.6
延 庆 区	29031	8.3	21843	12.6

3-43　普通中学学校基本情况

单位：人

各　区	普通中学校数（所）		普通中学招生数		普通中学毕业生数	
	2023	2022	2023	2022	2023	2022
全　市	**687**	**684**	**214701**	**195951**	**169558**	**153289**
东城区	38	38	17192	15971	13442	12545
西城区	42	42	26456	24603	19772	17409
朝阳区	97	98	29477	25572	20000	16949
丰台区	52	49	12378	10811	9842	8312
石景山区	22	22	4997	4629	4162	3759
海淀区	88	87	44945	43166	38502	35446
门头沟区	17	17	3039	2663	2530	2373
房山区	50	52	10956	9726	9303	8507
通州区	48	48	14164	12399	10211	9187
顺义区	40	40	10634	9640	8511	8863
昌平区	60	58	10442	9011	7848	7161
大兴区	49	49	13007	11320	9527	8046
怀柔区	21	21	3935	3790	3526	3114
平谷区	20	20	4358	4204	3998	3702
密云区	24	24	5393	5313	5265	5098
延庆区	19	19	3328	3133	3119	2818

注：普通中学统计范围为普通高中和普通初中。

资料来源：北京市教育委员会。

3-43 续表

单位：人

各 区	普通中学在校生数		普通中学教职工数		普通中学专任教师数	
	2023	2022	2023	2022	2023	2022
全 市	**587811**	**554748**	**102060**	**99779**	**82455**	**79839**
东城区	47684	44833	6858	6753	6092	5967
西城区	72200	66557	8999	8698	7441	7110
朝阳区	76717	70408	16438	16280	13944	13836
丰台区	33242	31407	6059	5797	5253	4966
石景山区	14160	13522	3087	3107	2415	2388
海淀区	127314	123110	19878	19147	15484	14735
门头沟区	8428	7929	1360	1372	1059	1063
房山区	30243	29106	4745	4614	3989	3857
通州区	37355	34241	5839	5730	4891	4673
顺义区	29060	27473	5936	5872	4182	4092
昌平区	27427	25392	6823	6689	5067	5076
大兴区	33943	31064	6953	6500	5807	5380
怀柔区	11598	11428	2294	2301	1768	1742
平谷区	12588	12322	2271	2402	1640	1585
密云区	16094	16280	2489	2493	2055	2014
延庆区	9758	9676	2031	2024	1368	1355

3-44 小学教育基本情况

单位：人

各　区	小学校数（所）		小学招生数		小学毕业生数	
	2023	2022	2023	2022	2023	2022
全　市	**714**	**719**	**235253**	**189935**	**146245**	**133331**
东 城 区	45	45	14707	12165	10239	9266
西 城 区	58	58	24400	20420	15203	13427
朝 阳 区	68	70	33102	27675	22422	20173
丰 台 区	67	70	14209	12067	9143	8569
石景山区	23	24	5568	4556	3506	3270
海 淀 区	90	90	41003	33202	27787	26276
门头沟区	21	21	3382	2655	2027	1753
房 山 区	49	51	14000	10958	8435	7470
通 州 区	48	44	18399	14743	10509	9204
顺 义 区	51	51	12996	10528	7981	7051
昌 平 区	52	53	14743	12388	8137	7947
大 兴 区	47	47	19234	14649	10073	8586
怀 柔 区	19	19	3984	3185	2601	2487
平 谷 区	29	29	6072	3998	2909	2776
密 云 区	26	26	5934	4209	3339	3270
延 庆 区	21	21	3520	2537	1934	1806

资料来源：北京市教育委员会。

3-44 续表

单位：人

各　区	小学在校生数		小学教职工数		小学专任教师数	
	2023	2022	2023	2022	2023	2022
全　市	**1161797**	**1083813**	**67888**	**66748**	**61546**	**60484**
东城区	77677	72695	5934	5789	5570	5422
西城区	124703	115516	7724	7549	7196	7023
朝阳区	176349	167938	6690	6853	6331	6492
丰台区	72285	68750	4570	4698	4315	4424
石景山区	27562	25839	1305	1326	1184	1191
海淀区	206643	193778	10956	10652	10016	9680
门头沟区	16002	14895	1620	1650	1338	1367
房山区	66134	61746	3818	3869	3545	3550
通州区	87848	81793	4994	4814	4690	4493
顺义区	62672	58372	4037	3934	3527	3305
昌平区	72133	67325	3985	4086	3494	3717
大兴区	86364	77750	4117	4012	3678	3601
怀柔区	19308	18114	1724	1708	1481	1440
平谷区	24652	21680	2780	2284	2251	1947
密云区	26151	23785	2127	2055	1794	1715
延庆区	15314	13837	1507	1469	1136	1117

3-45 幼儿教育情况

单位：人

各区	幼儿园数（所）		在园幼儿数		幼儿园专任教师数	
	2023	2022	2023	2022	2023	2022
全市	**1991**	**1989**	**515267**	**574235**	**47125**	**48774**
东城区	72	71	16904	19455	2377	2382
西城区	87	84	22620	25168	2744	2881
朝阳区	314	310	84623	96096	8123	8441
丰台区	153	147	40853	45939	3643	3765
石景山区	50	50	14876	16523	1323	1378
海淀区	223	225	73555	80528	6502	6608
门头沟区	26	24	9893	10962	623	650
房山区	142	137	31750	35221	3052	3029
通州区	245	245	52219	58926	4764	4889
顺义区	115	115	31819	34875	2320	2449
昌平区	169	165	43399	47016	3215	3404
大兴区	130	125	46780	50420	3770	3735
怀柔区	85	84	10347	11712	1185	1407
平谷区	72	97	13798	16323	1100	1404
密云区	80	80	13218	15532	1502	1481
延庆区	28	30	8613	9539	882	871

数据来源：北京市教育委员会。

3-46 公共图书馆情况

各　区	个数（个）		总藏数（万册、万件）		总流通人次（万人次）		书刊文献外借册次（万册次）	
	2023	2022	2023	2022	2023	2022	2023	2022
全　　市	**20**	**21**	**8099**	**7819**	**1883**	**854**	**1064**	**610**
东 城 区	1	1	195	170	71	24	30	17
西 城 区	2	2	239	229	230	110	223	95
朝 阳 区	2	3	1352	1320	557	177	177	92
丰 台 区	1	1	115	114	49	21	92	7
石景山区	1	1	127	123	24	17	95	85
海 淀 区	2	2	4691	4583	517	227	132	81
门头沟区	1	1	135	133	0.4	0.3	2	2
房 山 区	2	2	177	169	62	39	47	26
通 州 区	1	1	95	93	64	34	53	31
顺 义 区	1	1	206	191	50	75	43	53
昌 平 区	1	1	149	110	36	22	26	15
大 兴 区	1	1	121	117	70	26	62	38
怀 柔 区	1	1	124	117	46	16	27	18
平 谷 区	1	1	150	141	38	21	22	33
密 云 区	1	1	115	112	43	18	11	9
延 庆 区	1	1	106	97	25	29	21	9

资料来源：北京市文化和旅游局、国家图书馆。

3-47 文物局系统内博物馆情况

各　区	个数（个）		文物藏品数（件）		#一级品	
	2023	2022	2023	2022	2023	2022
全　市	**26**	**33**	**1232172**	**1232103**	**516**	**717**
东 城 区	4	4	2362	2346	21	20
西 城 区	3	7	1012437	1012414	398	403
朝 阳 区	2	2	59129	56882	15	15
丰 台 区	1	1	1870	1870	4	4
石景山区	1	1	666	666		
海 淀 区	5	5	128840	128800	56	56
门头沟区	1	1	3686	3686		
房 山 区	1	1	7449	7449	15	15
通 州 区	1	1	4203	3699		
顺 义 区	2	2	400	330		
昌 平 区	1	3		2831		197
大 兴 区						
怀 柔 区	1	1	1492	1492		
平 谷 区						
密 云 区	1	1	814	814		
延 庆 区	2	3	8824	8824	7	7

资料来源：北京市文物局。

3–48 档案事业情况

各区	档案馆个数（个）		建筑面积（平方米）		本年利用档案人次（人次）		本年利用现行文件和资料人次（人次）	
	2023	2022	2023	2022	2023	2022	2023	2022
全　市	**18**	**18**	**286698**	**227658**	**116369**	**101320**	**203**	**437**
东 城 区	1	1	12912	12912	11329	11300		
西 城 区	2	2	14962	14962	10704	7237	5	19
朝 阳 区	2	2	155048	117868	16559	10849	98	84
丰 台 区	1	1	23864	2004	1616	1433	4	2
石景山区	1	1	3572	3572	2011	1341	5	6
海 淀 区	1	1	27956	27956	15223	11445		60
门头沟区	1	1	4651	4651	2854	2813	2	6
房 山 区	1	1	14316	14316	4660	3751		
通 州 区	1	1	2652	2652	4404	2916	8	2
顺 义 区	1	1	6750	6750	2594	1966		
昌 平 区	1	1	3800	3800	6747	4642	16	
大 兴 区	1	1	1968	1968	5942	5942		
怀 柔 区	1	1	2448	2448	10300	13600	11	122
平 谷 区	1	1	786	786	12692	13659	24	75
密 云 区	1	1	4636	4636	6722	5286	13	30
延 庆 区	1	1	6378	6378	2012	3140	17	31

注：本年利用档案、现行文件和资料人次数量，包括利用纸质和电子两种之和。
资料来源：中共北京市委办公厅（北京市档案局）。

3-49 规模以上工业与信息传输、软件和信息技术服务业企业研究与试验发展（R&D）情况

单位：万元

各 区	工业企业研究与试验发展（R&D）经费		信息传输、软件和信息技术服务业研究与试验发展（R&D）经费	
	2023	2022	2023	2022
全 市	**4410018.9**	**3489972.6**	**6916104.0**	**6067298.7**
东 城 区	34751.8	23352.7	150973.9	78867.5
西 城 区	53234.3	58408.4	365753.7	253040.4
朝 阳 区	196771.0	209109.4	475534.9	425836.1
丰 台 区	90837.8	82643.7	96741.7	97788.5
石景山区	29934.2	30563.2	57192.5	37573.2
海 淀 区	1042602.4	932958.9	5234508.1	4900934.6
门头沟区	30764.0	21054.0	9887.6	50.6
房 山 区	50706.4	55078.4	1490.3	1630.5
通 州 区	161243.7	148827.5	3102.7	2361.0
顺 义 区	219993.1	185878.2	96243.1	19387.0
昌 平 区	368011.3	330536.6	37192.5	64929.0
大 兴 区	388259.7	260287.1	33286.9	6642.1
怀 柔 区	122205.3	89923.9	427.5	2595.5
平 谷 区	53147.6	36163.4	3186.5	1658.8
密 云 区	35715.6	27069.0	2897.1	16392.3
延 庆 区	31203.9	26899.2	1138.9	
北京经济技术开发区	1500636.8	971219.0	346546.1	157611.6

3–49 续表

单位：人

各 区	工业企业研究与试验发展（R&D）人员数		信息传输、软件和信息技术服务业研究与试验发展（R&D）人员数	
	2023	2022	2023	2022
全 市	**82701**	**79152**	**83307**	**78603**
东 城 区	536	510	2453	1630
西 城 区	1078	1332	5339	4499
朝 阳 区	5241	6172	5775	8189
丰 台 区	3471	2946	2058	1868
石景山区	831	926	1459	969
海 淀 区	17834	19247	48678	55634
门头沟区	652	695	204	3
房 山 区	1943	2239	62	74
通 州 区	3867	4351	143	204
顺 义 区	5541	5969	2763	580
昌 平 区	7583	9318	1205	1654
大 兴 区	4940	4148	2658	163
怀 柔 区	2555	2406	10	46
平 谷 区	1549	1542	59	57
密 云 区	1342	1122	159	308
延 庆 区	646	516	12	
北京经济技术开发区	23092	15713	10270	2725

3-50 技术市场合同成交情况

各 区	合同数（项）		技术合同成交总额（万元）	
	2023	2022	2023	2022
全 市	**106552**	**95061**	**85369394**	**79475111**
东城区	4684	2665	10008829	8577795
西城区	6519	8634	2460752	3223569
朝阳区	10356	9321	14047582	13573580
丰台区	2883	2297	5153677	3159924
石景山区	2728	1773	1826390	2077470
海淀区	65153	61604	35503943	33803840
门头沟区	306	153	250301	246987
房山区	532	483	700027	173737
通州区	1142	946	4940151	5021795
顺义区	1307	885	1282344	947148
昌平区	4582	2390	3918024	3625857
大兴区	4201	3004	4774045	4720779
怀柔区	527	386	302463	65509
平谷区	1175	330	42295	28262
密云区	242	124	93817	60642
延庆区	215	66	64752	168218

资料来源：北京市科学技术委员会、中关村科技园区管理委员会。

3-51 专利授权情况

单位：件

各　区	专利授权量		#发明专利	
	2023	2022	2023	2022
全　市	**193973**	**202722**	**107875**	**88127**
东城区	8140	8220	5013	4142
西城区	15364	13963	9389	6293
朝阳区	29598	32214	17120	14735
丰台区	13398	16756	5147	4439
石景山区	5586	5384	2935	2214
海淀区	73051	73036	51286	43456
门头沟区	1369	1641	384	273
房山区	2898	3669	898	801
通州区	6103	6948	1327	926
顺义区	6920	7326	1666	1261
昌平区	9120	10606	4315	3737
大兴区	16619	16632	6761	4759
怀柔区	2333	2302	820	614
平谷区	1437	1564	360	188
密云区	1404	1857	259	157
延庆区	633	604	195	132
其　他				

资料来源：北京市知识产权局。

3–52 医疗卫生机构数（2023年）

单位：个

各区	医疗卫生机构	#医院	#社区卫生服务中心（站）	#门诊部	#妇幼保健机构	#疾病预防控制中心	#专科疾病防治机构	#诊所、卫生所、医务室、护理站
全市	**12518**	**765**	**2143**	**1632**	**18**	**27**	**20**	**4742**
东城区	545	57	65	85	1	2	2	310
西城区	690	46	99	64	1	9	3	444
朝阳区	1999	165	282	527	2	1	1	991
丰台区	564	82	179	138	1	1	1	129
石景山区	237	25	50	18	1	1	1	133
海淀区	1448	105	253	394	1	1	3	661
门头沟区	264	11	41	14	1	1	1	59
房山区	1062	38	225	35	2	2	2	254
通州区	620	22	90	57	1	1	1	97
顺义区	933	25	204	37	1	1		370
昌平区	1259	97	153	123	1	2	1	606
大兴区	912	39	145	110	1	1		305
怀柔区	501	14	68	7	1	1	1	135
平谷区	399	9	149	11	1	1	1	75
密云区	600	13	60	1	1	1	1	118
延庆区	472	4	80	11	1	1	1	55

注：本表全市数据包含驻京部队医院，分区数据不包含驻京部队医院，故分区数据之和不等于全市。

资料来源：北京市卫生健康委员会。

3-53 医疗卫生机构人员及卫生条件

单位：人

各区	医疗卫生机构人员		#卫生技术人员		#执业（助理）医师		#注册护士	
	2023	2022	2023	2022	2023	2022	2023	2022
全市	**419029**	**395381**	**342767**	**322187**	**133685**	**124916**	**152548**	**142711**
东城区	31934	35794	24618	27807	9934	11086	9880	11503
西城区	48235	49236	40344	41602	14082	14707	18223	18878
朝阳区	83355	77215	66047	60908	26158	24418	29760	27074
丰台区	33554	32223	27511	26253	10689	10177	11868	11112
石景山区	12386	11117	10076	8929	3882	3381	4545	3912
海淀区	53135	50448	42897	40977	16597	15621	19082	18264
门头沟区	5417	5080	4345	4073	1586	1442	1858	1786
房山区	15680	15202	12307	11701	4833	4566	5113	4794
通州区	16298	13634	13482	11139	5102	4326	5732	4401
顺义区	14512	13384	11088	10188	4645	4334	4316	3813
昌平区	29153	25150	23589	20130	9090	7753	10239	8608
大兴区	23393	19597	18849	15257	7103	5746	7849	6101
怀柔区	5950	5786	4774	4585	2029	1884	1737	1651
平谷区	5662	5398	4738	4502	2025	1880	1726	1663
密云区	6048	5446	4775	4316	2331	2129	1489	1371
延庆区	4285	3882	3295	3031	1469	1318	1229	1139

注：本表全市数据除床位数外均包含驻京部队医院情况，分区数据均不包含驻京部队医院，故分区数据之和不等于全市。
资料来源：北京市卫生健康委员会。

3-53 续表

各区	医疗机构实有床位数（张）		#医院		每千常住人口执业（助理）医师数（人）		每千常住人口注册护士数（人）		每千常住人口医院床位数（张）	
	2023	2022	2023	2022	2023	2022	2023	2022	2023	2022
全　市	**138823**	**133932**	**130831**	**126309**	**6.12**	**5.72**	**6.98**	**6.53**	**5.99**	**5.78**
东 城 区	8254	10027	8156	9929	14.13	15.75	14.05	16.34	11.60	14.10
西 城 区	16290	18633	16236	18579	12.81	13.37	16.58	17.16	14.77	16.89
朝 阳 区	27495	26401	26232	25274	7.59	7.09	8.64	7.87	7.61	7.34
丰 台 区	14311	13677	13735	13148	5.32	5.06	5.90	5.52	6.83	6.53
石景山区	5656	5054	5586	4994	6.88	6.01	8.06	6.95	9.90	8.87
海 淀 区	14780	14345	13887	13560	5.31	5.00	6.11	5.85	4.44	4.34
门头沟区	2891	2990	2547	2586	3.99	3.64	4.68	4.51	6.42	6.53
房 山 区	6420	6112	5593	5307	3.68	3.48	3.90	3.66	4.26	4.05
通 州 区	6231	4483	5609	3854	2.77	2.35	3.11	2.39	3.04	2.09
顺 义 区	4756	4461	3715	3407	3.50	3.27	3.25	2.88	2.80	2.57
昌 平 区	14608	12259	14342	12032	4.00	3.42	4.51	3.80	6.31	5.31
大 兴 区	9702	8256	8982	7490	3.56	2.89	3.94	3.06	4.50	3.76
怀 柔 区	2086	2092	1805	1810	4.61	4.29	3.95	3.76	4.10	4.12
平 谷 区	2103	2090	1785	1799	4.44	4.12	3.79	3.65	3.91	3.95
密 云 区	2083	1872	1692	1595	4.45	4.05	2.84	2.61	3.23	3.03
延 庆 区	1157	1180	929	945	4.28	3.83	3.58	3.31	2.71	2.75

3-54 医院工作情况

各 区	诊疗人次数（千人次）		#门 诊		健康检查人次（千人次）	
	2023	2022	2023	2022	2023	2022
全 市	**179710.2**	**148549.9**	**164902.4**	**125972.4**	**4595.3**	**3895.8**
东城区	16980.8	16503.4	16136.1	15601.9	250.5	249.3
西城区	26273.4	23267.8	24431.3	21611.4	512.0	227.7
朝阳区	31171.9	24829.3	28241.0	22791.5	853.2	610.5
丰台区	13843.7	11578.4	12719.0	10739.1	539.9	608.8
石景山区	5142.6	3792.2	4638.6	3548.1	229.9	182.9
海淀区	21384.3	19441.0	19845.1	18310.4	671.2	850.2
门头沟区	2989.0	2837.9	2774.5	2666.3	94.4	89.9
房山区	6446.2	5745.8	5727.0	5158.8	161.5	128.0
通州区	7129.9	4645.5	6212.6	4179.9	103.7	70.0
顺义区	4588.9	3604.1	4105.3	3214.2	276.4	245.5
昌平区	11690.0	7833.7	10191.8	7002.3	356.7	253.4
大兴区	7560.7	4925.5	6643.0	4544.4	204.0	137.8
怀柔区	2137.2	1870.8	1821.2	1646.7	122.9	107.4
平谷区	2208.1	1987.0	1858.2	1726.9	58.9	45.7
密云区	2537.3	2351.7	2164.0	2041.0	133.2	63.8
延庆区	1515.0	1307.1	1282.7	1189.3	26.9	24.8

注：本表全市数据包含驻京部队医院情况，分区数据不包含驻京部队医院，故分区数据之和不等于全市。
资料来源：北京市卫生健康委员会。

3-54 续表

各 区	平均开放病床数（张）		入院人数（千人次）	
	2023	2022	2023	2022
全 市	**124732**	**121156**	**4342.4**	**3284.6**
东 城 区	7733	9598	385.1	406.7
西 城 区	16242	18038	726.2	638.5
朝 阳 区	25019	24105	969.0	658.0
丰 台 区	12731	12447	367.9	284.0
石景山区	5325	4755	149.8	94.7
海 淀 区	12536	12694	556.6	466.0
门头沟区	2526	2559	52.5	48.2
房 山 区	5468	5371	131.2	104.2
通 州 区	5423	3777	217.7	105.9
顺 义 区	3643	3371	78.6	59.1
昌 平 区	13324	11455	283.6	152.6
大 兴 区	8627	6999	263.3	140.2
怀 柔 区	1747	1705	38.3	30.5
平 谷 区	1788	1767	47.1	38.5
密 云 区	1692	1592	47.3	37.3
延 庆 区	907	920	28.2	20.3

3-55 社区卫生服务机构情况（2023年）

各　区	社区卫生服务机构卫生技术人员数（人）	#全科医生	#社区护士	总诊疗人次数（千人次）	#门　诊	#急　诊
全　市	**38265**	**6925**	**12386**	**84845**	**83971**	**454**
东城区	1248	372	497	3027	3017	
西城区	1896	372	682	3683	3672	
朝阳区	5976	700	2009	15655	15587	48
丰台区	4005	553	1205	11053	11034	
石景山区	971	151	378	2995	2991	
海淀区	5796	769	2015	13442	13176	220
门头沟区	714	126	248	1334	1327	1
房山区	2297	456	691	5468	5423	21
通州区	2968	576	903	5767	5764	
顺义区	2291	596	730	3723	3525	13
昌平区	2048	488	779	4454	4417	6
大兴区	3194	444	1091	5231	5134	90
怀柔区	1002	296	260	1987	1955	2
平谷区	1171	424	198	1922	1912	
密云区	1650	322	448	3397	3362	33
延庆区	1038	280	252	1707	1675	20

资料来源：北京市卫生健康委员会。

3–56 社会组织情况

单位：个

各区	2023	2022
全市	**12407**	**12654**
市本级	**4454**	**4449**
东城区	519	550
西城区	546	553
朝阳区	992	1013
丰台区	484	490
石景山区	331	331
海淀区	733	861
门头沟区	170	174
房山区	537	565
通州区	542	534
顺义区	413	419
昌平区	514	516
大兴区	675	653
怀柔区	465	468
平谷区	363	420
密云区	402	393
延庆区	267	265

注：社会组织包含社会团体、民办非企业单位、基金会。

资料来源：北京市民政局。

3-57 北京地区社会保险情况（2023年）

单位：人

各　区	参加企业职工基本养老保险人数	#参加企业职工基本养老保险职工人数	参加职工基本医疗保险人数	#参加职工基本医疗保险职工人数	参加失业保险人数
全　市	**18014990**	**15016776**	**15046774**	**11641926**	**14183684**
东城区	1621751	1288135	1250711	854142	1217833
西城区	2020472	1507830	1667048	1118412	1467407
朝阳区	4035680	3483069	3039469	2428863	3186878
丰台区	1206594	889761	1125293	767346	848745
石景山区	508316	367654	455624	301267	351177
海淀区	3398229	2975145	2712814	2214508	2849499
门头沟区	287007	221720	261422	190205	208015
房山区	501526	386722	514945	386036	397226
通州区	728407	618244	688296	562318	595661
顺义区	801948	712709	642027	541455	654984
昌平区	656083	557429	623667	508572	528073
大兴区	654528	568862	578673	476819	523701
怀柔区	282385	250076	267529	226685	238856
平谷区	271301	228733	257105	204947	216920
密云区	270193	230164	265799	214901	221940
延庆区	127009	101308	147219	112340	105410
北京经济技术开发区	643433	629087	549133	533110	570579
其　他	128	128			780

注：表中“其他”指社会保险代办机构。

资料来源：北京市人力资源和社会保障局、北京市医疗保障局。

3–58 提供住宿的民政服务机构、社区服务情况（2023年）

各　区	提供住宿的民政服务机构数（个）	提供住宿的民政服务机构床位数（张）	社区服务机构数（个）	
				#社区服务中心数
全　市	**628**	**118537**	**9243**	**204**
市本级	**17**	**6939**	**1**	
东城区	21	982	323	17
西城区	36	4162	402	15
朝阳区	83	16964	713	43
丰台区	57	10749	540	26
石景山区	17	3766	253	9
海淀区	60	10595	715	29
门头沟区	15	1952	357	14
房山区	57	8812	999	4
通州区	31	8039	814	
顺义区	21	4626	601	
昌平区	49	17040	631	22
大兴区	47	9116	897	
怀柔区	22	2296	407	17
平谷区	38	5250	396	6
密云区	36	4991	604	
延庆区	21	2258	590	2

资料来源：北京市民政局。

3–59 社会救助对象情况（2023年）

单位：人

各　区	社会救助对象总人数	城市居民最低生活保障人数	农村居民最低生活保障人数	农村特困供养人数	#农村特困集中供养人数	城市特困供养人数	#城市特困集中供养人数
全　市	**111027**	**69136**	**35347**	**5012**	**1538**	**1532**	**719**
东城区	9952	9636				316	106
西城区	13513	13368				145	103
朝阳区	11101	10846	196	8	8	51	44
丰台区	9090	8824	107	15	14	144	90
石景山区	7125	7002				123	52
海淀区	5686	5440	12	22	22	212	63
门头沟区	7573	5440	1656	328	69	149	45
房山区	6216	1722	3894	543	185	57	26
通州区	5384	1588	3351	366	112	79	39
顺义区	3960	558	3101	240	97	61	51
昌平区	2445	765	1580	75	52	25	18
大兴区	2177	880	1144	100	58	53	38
怀柔区	4570	558	2797	1163	204	52	10
平谷区	5164	710	4178	264	152	12	7
密云区	13372	1415	10967	953	448	37	20
延庆区	3699	384	2364	935	117	16	7

资料来源：北京市民政局。

3-60　婚姻登记情况

各　区	登记结婚人数（人）		初婚人数（人）		再婚人数（人）				离婚登记对数（对）	
							#女　性			
	2023	2022	2023	2022	2023	2022	2023	2022	2023	2022
全　市	**274670**	**182600**	**195159**	**118125**	**79511**	**64475**	**38538**	**31161**	**45933**	**36858**
东城区	19272	15006	14055	10604	5217	4402	2430	2028	2956	2573
西城区	39120	22920	31851	15917	7269	7003	3380	3306	4270	3903
朝阳区	40834	23414	28898	15268	11936	8146	5624	3850	6963	4905
丰台区	22220	14690	15855	9682	6365	5008	3064	2367	3793	3039
石景山区	9214	7190	5956	4186	3258	3004	1580	1431	1762	1500
海淀区	47518	31860	36428	22593	11090	9267	5256	4409	6634	5565
门头沟区	4462	3694	2768	2201	1694	1493	847	730	921	726
房山区	13514	9882	8315	5752	5199	4130	2610	2084	2757	2154
通州区	15298	10332	10240	6224	5058	4108	2476	2007	2886	2296
顺义区	12918	9012	8171	5307	4747	3705	2373	1845	2740	2087
昌平区	15176	8698	10751	5191	4425	3507	2173	1709	2408	1848
大兴区	14512	9190	9521	5401	4991	3789	2483	1865	2914	2177
怀柔区	4590	3756	3024	2356	1566	1400	795	707	874	700
平谷区	5744	4750	3327	2739	2417	2011	1256	1023	1532	1324
密云区	6214	4992	3528	2755	2686	2237	1363	1141	1724	1418
延庆区	4064	3214	2471	1949	1593	1265	828	659	799	643

注：离婚登记对数不含法院调离或判离数。

资料来源：北京市民政局。

3-61 基层法律服务所主要工作情况

各　区	担任法律顾问（家）		代理诉讼事务（件）		代理非诉讼事务（件）		解答法律询问（人次）	
	2023	2022	2023	2022	2023	2022	2023	2022
全　市	**203**	**226**	**4572**	**5018**	**644**	**326**	**10191**	**4588**
东城区	7	13	32	112	2	92	106	36
西城区	11	19	45	71	35	75	587	472
朝阳区	33	31	77	61	25	21	72	53
丰台区			357	826			267	
石景山区	2	1	21	15	6	6	107	29
海淀区	12	27	423	347	479	65	1249	946
门头沟区	2	2	59	52				23
房山区	23	24	245	333	28	13	218	500
通州区	81	78	531	500	2			
顺义区	3	3	68	76	1	1	497	217
昌平区	16	12	101	116	21	7	272	151
大兴区	1	1	46	37	3		426	409
怀柔区			331	326			592	425
平谷区	12	15	138	153	7	16	2080	212
密云区								
延庆区			2098	1993	35	30	3718	1115

资料来源：北京市司法局。

3-62 公证处总办证量情况（2023年）

单位：件

各区	总办证量	国内公证业务	涉外公证业务	涉港澳公证业务	涉台公证业务
全市	**646620**	**382028**	**257718**	**4185**	**2689**
东城区	323636	170687	147997	2263	2689
西城区	150227	121912	27654	661	
朝阳区	16748	8580	7954	214	
丰台区	10068	5881	4111	76	
石景山区	9863	5184	4585	94	
海淀区	93015	39773	52551	691	
门头沟区	1447	1282	165		
房山区	9624	7539	2050	35	
通州区	12402	8086	4210	106	
顺义区	5761	3322	2404	35	
昌平区	2585	1847	729	9	
大兴区	5099	3058	2041		
怀柔区	2456	1884	572		
平谷区	2568	2179	389		
密云区	760	568	192		
延庆区	361	246	114	1	

资料来源：北京市司法局。

3-63 公安机关刑事案件立案情况

单位：起

各　区	刑事案件立案数	
	2023	2022
全　市	**119117**	**116575**
东 城 区	4554	3925
西 城 区	5745	5353
朝 阳 区	25105	24511
丰 台 区	11586	12091
石景山区	2296	2544
海 淀 区	13081	13088
门头沟区	1756	1129
房 山 区	6826	6265
通 州 区	9565	10047
顺 义 区	7608	7997
昌 平 区	10836	12329
大 兴 区	8394	9153
怀 柔 区	1588	1418
平 谷 区	2198	1628
密 云 区	2066	1532
延 庆 区	1370	988
其　他	4543	2577

资料来源：北京市公安局。

3-64 火灾事故情况（2023年）

各　区	火灾事故起数（起）	火灾事故死亡人数（人）	火灾事故直接经济损失（万元）
全　市	**5856**	**89**	**13165.1**
东城区	179	8	274.6
西城区	193	4	405.1
朝阳区	1053	13	2061.8
丰台区	511	35	5203.6
石景山区	125	4	171.1
海淀区	551	4	821.9
门头沟区	93	1	147.5
房山区	428		302.3
通州区	530	6	282.8
顺义区	370	1	711.2
昌平区	558		639.8
大兴区	561	3	1110.9
怀柔区	133		337.9
平谷区	247	6	201.8
密云区	156	2	221.5
延庆区	165	2	271.3
其　他	3		0.1

资料来源：北京市消防救援总队。

3-65 交通事故情况（2023年）

各　区	交通事故起数（起）	交通事故死亡人数（人）	交通事故直接经济损失（万元）
全　市	**6468**	**1001**	**3541.1**
东 城 区	217	14	63.0
西 城 区	288	14	112.1
朝 阳 区	1027	120	296.2
丰 台 区	524	60	253.4
石景山区	195	10	255.7
海 淀 区	542	75	381.1
门头沟区	84	20	92.2
房 山 区	578	86	200.4
通 州 区	686	107	502.7
顺 义 区	481	118	436.7
昌 平 区	642	91	343.3
大 兴 区	425	108	130.5
怀 柔 区	180	41	48.3
平 谷 区	132	35	100.3
密 云 区	243	52	217.8
延 庆 区	95	35	49.0
其　他	129	15	58.5

资料来源：北京市公安局公安交通管理局。

3-66 工矿商贸生产安全事故情况（2023年）

各　区	工矿商贸生产安全事故起数（起）	工矿商贸生产安全事故死亡人数（人）
全　市	**91**	**93**
东城区	4	4
西城区	3	3
朝阳区	17	17
丰台区	8	8
石景山区	2	2
海淀区	8	8
门头沟区	4	4
房山区	5	5
通州区	7	7
顺义区	3	4
昌平区	7	8
大兴区	11	11
怀柔区		
平谷区	9	9
密云区	1	1
延庆区	1	1
北京经济技术开发区	1	1

资料来源：北京市应急管理局。

3-67 污水处理情况（2023年）

各　区	污水处理厂（站）数（座）	污水排放量（万立方米）	污水处理量（万立方米）
全　市	**1374**	**236454**	**230109**
城六区	**54**	**152316**	**151885**
门头沟区	148	2361	2091
房 山 区	143	10840	9610
通 州 区	131	15869	14889
顺 义 区	138	12688	11583
昌 平 区	108	13131	12373
大 兴 区	28	10878	9962
怀 柔 区	199	3607	3428
平 谷 区	105	3039	2829
密 云 区	230	2618	2453
延 庆 区	86	2110	2009
北京经济技术开发区	4	6997	6997

资料来源：北京市水务局。

3-68 空气质量基本情况（2023年）

各 区	二氧化硫（SO_2）年平均浓度值（微克/立方米）	二氧化氮（NO_2）年平均浓度值（微克/立方米）	可吸入颗粒物（PM_{10}）年平均浓度值（微克/立方米）	细颗粒物（$PM_{2.5}$）年平均浓度值（微克/立方米）
全 市	**3**	**26**	**61**	**32**
东城区	3	30	64	36
西城区	3	32	64	36
朝阳区	3	34	63	34
丰台区	3	29	65	33
石景山区	3	30	65	33
海淀区	3	31	59	32
门头沟区	3	24	60	30
房山区	3	25	61	34
通州区	3	32	69	38
顺义区	3	24	60	32
昌平区	3	21	54	30
大兴区	2	32	68	36
怀柔区	3	17	52	29
平谷区	3	18	57	32
密云区	3	20	54	28
延庆区	3	17	51	28

资料来源：北京市生态环境局。

3–69 园林绿化基本情况（2023年）

各　区	绿地面积 （公顷）	人均公园绿地面积 （平方米）	绿化覆盖率 （%）
全　市	**94136**	**16.9**	**49.8**
东 城 区	1111	9.1	35.5
西 城 区	1104	5.0	32.1
朝 阳 区	16142	18.8	48.2
丰 台 区	7803	12.4	47.9
石景山区	4419	24.4	54.5
海 淀 区	13741	15.0	51.7
门头沟区	2184	26.1	50.2
房 山 区	8473	14.3	51.7
通 州 区	8053	19.0	53.6
顺 义 区	7663	23.2	56.6
昌 平 区	5917	17.2	49.2
大 兴 区	9644	15.0	46.5
怀 柔 区	2416	28.6	52.9
平 谷 区	1746	21.0	50.8
密 云 区	1961	16.4	59.1
延 庆 区	1757	45.8	53.8

资料来源：北京市园林绿化局。

3-70 垃圾处理情况（2023年）

各　区	垃圾无害化处理场（厂）个数（个）	生活垃圾转运站个数（个）	生活垃圾无害化处理量（万吨）	生活垃圾无害化处理率（按垃圾清运量计算）（%）
全　市	**34**	**9**	**758.85**	**100.00**
东 城 区			36.23	100.00
西 城 区			46.78	100.00
朝 阳 区	3	2	173.85	100.00
丰 台 区	1	2	79.77	100.00
石景山区		1	18.59	100.00
海 淀 区	2	1	93.38	100.00
门头沟区	4	1	10.52	100.00
房 山 区	1	1	29.49	100.00
通 州 区	3	1	67.44	100.00
顺 义 区	3		44.20	100.00
昌 平 区	4		54.69	100.00
大 兴 区	4		52.35	100.00
怀 柔 区	2		14.77	100.00
平 谷 区	2		13.81	100.00
密 云 区	2		15.08	100.00
延 庆 区	3		7.90	100.00

资料来源：北京市城市管理委员会。

3-71 民用汽车拥有量（2023年）

单位：辆

各　区	民用汽车拥有量	#私人汽车
全　市	**6375671**	**5431305**
东城区	534839	424208
西城区	518454	450912
朝阳区	1071842	928574
丰台区	589103	511885
石景山区	158624	138491
海淀区	980855	877444
门头沟区	87835	73519
房山区	350945	294866
通州区	428650	357769
顺义区	339331	274763
昌平区	429177	380345
大兴区	432104	348789
怀柔区	116662	96384
平谷区	120882	93871
密云区	130527	107774
延庆区	85841	71711

资料来源：北京市公安局公安交通管理局。

3-72 备案停车场情况（2023年）

单位：个

各　区	备案停车场个数	备案停车场车位总数
全　市	**3387**	**900685**
东城区	232	48691
西城区	298	56427
朝阳区	716	246454
丰台区	465	93963
石景山区	109	31987
海淀区	671	158940
门头沟区	27	5439
房山区	163	30933
通州区	218	67927
顺义区	90	26226
昌平区	24	8245
大兴区	134	50259
怀柔区	33	12035
平谷区	47	10415
密云区	36	8548
延庆区	53	16282
北京经济技术开发区	71	27914

资料来源：北京市交通委员会。

2024

北京区域统计年鉴

第四章

BEIJING AREA STATISTICAL YEARBOOK

开发区主要数据

简要说明

一、本章资料的主要内容

本章资料包括 3 个国家级开发区的规划面积、产值、利润、从业人员等主要指标情况。

二、本章资料的数据来源

本章资料主要来自北京市统计局，4-2 表由北京经济技术开发区经济发展局、经济社会调查队提供。

三、本章资料的统计范围情况

本章资料包括 3 个国家级开发区（北京经济技术开发区、中关村国家自主创新示范区、北京首都国际机场临空经济区）的主要情况。

2012 年底，国务院批复了中关村国家自主创新示范区空间规模和布局调整的方案，自 2013 年起，中关村国家自主创新示范区中部分园区的空间规模和布局进行了扩大调整，其中，昌平园和西城园规划面积变化较大，平谷园、门头沟园、房山园、顺义园、密云园、怀柔园和延庆园 7 个园区纳入中关村国家自主创新示范区统计范围。

2023 年中关村国家自主创新示范区统计范围调整为在中关村国家自主创新示范区内注册的规模（限额）以上六类企业法人单位，包括：1. 证书在有效期内的国家高新技术企业；2. 工业企业；3. 应用高技术进行设计、施工以及技术装备的建筑业企业；4. 符合国家统计局高技术服务业、科技服务业、生产性服务业目录的服务业企业；5. 符合国家统计局文化及相关产业企业；6. 境内外上市企业及新三版、地方四板挂牌企业。

4-1 开发区基本情况

项　　目		2023	2022
开发区个数	（个）	3	3
规划总面积	（公顷）	49448.6	48563.6
总收入	（亿元）	94204.4	95331.8
工业总产值（当年价格）	（亿元）	12438.3	14484.1
利润总额	（亿元）	10117.1	6933.4
应缴税金	（亿元）	2645.1	2317.3

注：本表中的开发区仅包括国家级开发区情况。其中，2023年中关村示范区统计范围调整为在中关村国家自主创新示范区内注册的规模（限额）以上六类企业法人单位。统计范围调整后，国家级开发区2023年部分数据与往年数据不可比。

4-2 北京经济技术开发区主要经济指标

项 目		2023	2022
规划面积	（公顷）	6579.9	6579.9
开发区生产总值	（亿元）	2501.9	2456.4
工业总产值（当年价格）	（亿元）	4967.2	5128.7
销售（营业）收入	（亿元）	20718.4	20276.9
利润总额	（亿元）	1319.0	1330.0
进出口总值	（亿美元）	241.3	259.0
出 口		69.3	72.4
进 口		172.0	186.6
一般公共预算收入	（亿元）	377.3	372.4
实际利用外商直接投资	（亿美元）	11.1	3.9
固定资产投资（不含农户）增速	（%）	-17.4	10.7
从业人员期末人数	（人）	487651	475342
从业人员工资总额	（亿元）	956.5	910.8

注：1. 本表工业总产值（当年价格）、销售（营业）收入和利润总额的统计范围为规模（限额）以上法人单位。
2. 本表进出口总值、出口、进口、一般公共预算收入、实际利用外商直接投资自2023年起调整为亦庄新城口径。
3. 本表一般公共预算收入为地方级口径。

资料来源：北京经济技术开发区经济发展局、经济社会调查队。

4-3　中关村国家自主创新示范区主要指标

项　　目		2023	2022
土地规划情况			
规划总面积	（公顷）	48816.0	46311.7
投产情况			
投产（开业）企业个数	（个）	13264	24671
#高新技术企业		6763	16358
#工业企业		1931	2637
#三资企业		1315	836
企业经营活动情况			
工业总产值（当年价格）	（亿元）	12040.5	13190.4
总收入	（亿元）	87379.2	87462.9
#技术收入		24888.7	22502.6
利润总额	（亿元）	10202.9	6901.0
#高新技术企业		4677.1	3891.1
应缴税金总额	（亿元）	2510.9	2029.2
从业人员期末人数	（人）	2848322	2790210

注：2023年中关村示范区统计范围调整为在中关村国家自主创新示范区内注册的规模（限额）以上六类企业法人单位，统计范围调整后，2023年数据与往年数据不可比，下同。

4-3 续表

项　　目		2023	2022
研究开发活动情况			
研究开发人员合计	（人）	778225	1005583
#全职人员		684844	904721
研究开发费用合计	（亿元）	4494.1	4952.4
#人员人工费用		2396.9	2695.6
委托外部研究开发费用	（亿元）	719.5	704.9
#委托境外机构		7.2	13.7
研究开发产出情况			
专利情况			
期末有效发明专利数	（件）	288664	267471
当年专利授权数	（件）	82262	98300
论文、著作情况			
发表科技论文	（篇）	14377	16910
技术改造和技术获取情况			
技术改造经费支出	（亿元）	6.6	11.0
引进境外技术经费支出	（亿元）	11.3	2.8
引进境外技术的消化吸收经费支出	（亿元）	0.1	1.1
购买境内技术经费支出	（亿元）	8.8	6.6

4-3 续表1 海淀园主要指标

项 目		2023	2022
规划总面积	（公顷）	17432.2	17430.6
投产（开业）企业个数	（个）	5018	10087
#高新技术企业		2882	6805
#工业企业		336	507
#三资企业		420	316
工业总产值（当年价格）	（亿元）	2596.9	2764.1
总收入	（亿元）	38065.8	37021.8
#技术收入		16009.6	12768.8
利润总额	（亿元）	3703.1	2539.4
#高新技术企业		2695.0	1892.5
应缴税金总额	（亿元）	1054.7	411.3
从业人员期末人数	（人）	1213560	1144304
研究开发人员合计	（人）	414915	507452
研究开发费用合计	（亿元）	2382.2	2499.1
当年专利授权数	（个）	40558	40935

4-3 续表2 丰台园主要指标

项 目		2023	2022
规划总面积	（公顷）	1763.1	818.0
投产（开业）企业个数	（个）	787	2288
#高新技术企业		435	1427
#工业企业		73	177
#三资企业		29	42
工业总产值（当年价格）	（亿元）	182.4	270.8
总收入	（亿元）	4897.7	7568.9
#技术收入		1034.2	820.2
利润总额	（亿元）	530.5	582.3
#高新技术企业		195.2	247.2
应缴税金总额	（亿元）	111.6	141.5
从业人员期末人数	（人）	183102	204572
研究开发人员合计	（人）	35755	56703
研究开发费用合计	（亿元）	146.1	226.7
当年专利授权数	（个）	5087	8009

4-3 续表3 昌平园主要指标

项　　目		2023	2022
规划总面积	（公顷）	5140.7	5140.3
投产（开业）企业个数	（个）	746	2484
#高新技术企业		470	1369
#工业企业		224	440
#三资企业		64	74
工业总产值（当年价格）	（亿元）	1244.1	1218.1
总收入	（亿元）	3014.4	5257.7
#技术收入		584.1	574.4
利润总额	（亿元）	290.9	517.9
#高新技术企业		151.5	163.4
应缴税金总额	（亿元）	104.5	224.7
从业人员期末人数	（人）	129270	167798
研究开发人员合计	（人）	40394	59736
研究开发费用合计	（亿元）	219.2	276.1
当年专利授权数	（个）	4929	6889

4-3 续表4 朝阳园主要指标

项　　目		2023	2022
规划总面积	（公顷）	2610.2	2610.0
投产（开业）企业个数	（个）	1169	2339
#高新技术企业		463	1737
#工业企业		57	116
#三资企业		231	104
工业总产值（当年价格）	（亿元）	243.7	532.5
总收入	（亿元）	4670.8	9670.2
#技术收入		1931.1	3051.0
利润总额	（亿元）	723.8	675.0
#高新技术企业		412.3	495.1
应缴税金总额	（亿元）	175.9	288.5
从业人员期末人数	（人）	238425	314765
研究开发人员合计	（人）	60772	112698
研究开发费用合计	（亿元）	353.2	553.5
当年专利授权数	（个）	7211	11979

4-3 续表5 亦庄园主要指标

项　　目		2023	2022
规划总面积	（公顷）	7505.0	6235.0
投产（开业）企业个数	（个）	1174	1372
#高新技术企业		655	908
#工业企业		429	342
#三资企业		217	95
工业总产值（当年价格）	（亿元）	4950.0	4112.3
总收入	（亿元）	17050.3	9158.0
#技术收入		1400.6	851.4
利润总额	（亿元）	1497.2	855.3
#高新技术企业		448.7	451.5
应缴税金总额	（亿元）	472.9	433.8
从业人员期末人数	（人）	339196	223009
研究开发人员合计	（人）	78592	63988
研究开发费用合计	（亿元）	598.6	389.7
当年专利授权数	（个）	8743	9090

4-3 续表6 西城园主要指标

项　　目		2023	2022
规划总面积	（公顷）	999.6	1000.0
投产（开业）企业个数	（个）	714	1021
#高新技术企业		255	647
#工业企业		14	37
#三资企业		29	21
工业总产值（当年价格）	（亿元）	106.9	1440.8
总收入	（亿元）	4630.6	4601.0
#技术收入		670.2	1039.6
利润总额	（亿元）	714.0	154.7
#高新技术企业		86.1	129.8
应缴税金总额	（亿元）	106.7	51.1
从业人员期末人数	（人）	131829	155951
研究开发人员合计	（人）	27003	48626
研究开发费用合计	（亿元）	102.0	198.6
当年专利授权数	（个）	2079	4204

4-3　续表7　东城园主要指标

项　　目		2023	2022
规划总面积	（公顷）	603.3	603.0
投产（开业）企业个数	（个）	470	487
#高新技术企业		151	334
#工业企业		2	9
#三资企业		53	21
工业总产值（当年价格）	（亿元）	0.8	7.6
总收入	（亿元）	3802.4	3357.1
#技术收入		863.6	1289.9
利润总额	（亿元）	1741.1	292.7
#高新技术企业		44.3	43.6
应缴税金总额	（亿元）	92.3	71.2
从业人员期末人数	（人）	93871	97131
研究开发人员合计	（人）	19616	25592
研究开发费用合计	（亿元）	109.8	109.6
当年专利授权数	（个）	1627	2050

4-3 续表8 石景山园主要指标

项目		2023	2022
规划总面积	（公顷）	1324.4	1334.0
投产（开业）企业个数	（个）	569	977
#高新技术企业		257	525
#工业企业		30	47
#三资企业		46	23
工业总产值（当年价格）	（亿元）	102.8	94.5
总收入	（亿元）	3532.1	4195.3
#技术收入		1312.4	1048.9
利润总额	（亿元）	381.3	731.0
#高新技术企业		303.8	159.5
应缴税金总额	（亿元）	122.9	138.6
从业人员期末人数	（人）	106289	107700
研究开发人员合计	（人）	31282	36553
研究开发费用合计	（亿元）	225.6	263.3
当年专利授权数	（个）	4043	2810

4-3 续表9 通州园主要指标

项 目		2023	2022
规划总面积	（公顷）	3434.5	3434.6
投产（开业）企业个数	（个）	494	477
#高新技术企业		233	372
#工业企业		178	167
#三资企业		46	28
工业总产值（当年价格）	（亿元）	301.9	266.5
总收入	（亿元）	1008.5	1060.3
#技术收入		143.4	337.8
利润总额	（亿元）	136.3	31.2
#高新技术企业		29.0	38.2
应缴税金总额	（亿元）	34.5	27.6
从业人员期末人数	（人）	62697	48099
研究开发人员合计	（人）	10812	12773
研究开发费用合计	（亿元）	45.5	62.8
当年专利授权数	（个）	1500	2151

4-3　续表10　大兴园主要指标

项　　目		2023	2022
规划总面积	（公顷）	2322.0	2025.1
投产（开业）企业个数	（个）	387	540
#高新技术企业		224	393
#工业企业		142	172
#三资企业		30	18
工业总产值（当年价格）	（亿元）	474.9	570.0
总收入	（亿元）	1127.6	823.8
#技术收入		151.7	77.9
利润总额	（亿元）	57.5	70.3
#高新技术企业		53.8	72.7
应缴税金总额	（亿元）	46.9	31.5
从业人员期末人数	（人）	93411	49489
研究开发人员合计	（人）	17644	14107
研究开发费用合计	（亿元）	68.1	80.4
当年专利授权数	（个）	1183	1702

4-3 续表11 平谷园主要指标

项 目		2023	2022
规划总面积	（公顷）	508.4	508.0
投产（开业）企业个数	（个）	78	190
#高新技术企业		38	141
#工业企业		35	69
#三资企业		13	12
工业总产值（当年价格）	（亿元）	107.7	80.0
总收入	（亿元）	108.9	189.8
#技术收入		8.1	30.5
利润总额	（亿元）	14.3	9.4
#高新技术企业		8.1	9.9
应缴税金总额	（亿元）	0.3	8.6
从业人员期末人数	（人）	6459	18464
研究开发人员合计	（人）	1610	3976
研究开发费用合计	（亿元）	5.8	11.6
当年专利授权数	（个）	129	485

4-3 续表12 门头沟园主要指标

项目		2023	2022
规划总面积	（公顷）	189.0	189.0
投产（开业）企业个数	（个）	247	266
#高新技术企业		100	158
#工业企业		25	30
#三资企业		5	3
工业总产值（当年价格）	（亿元）	51.0	48.2
总收入	（亿元）	861.5	566.3
#技术收入		107.4	65.4
利润总额	（亿元）	14.1	5.6
#高新技术企业		4.6	-0.2
应缴税金总额	（亿元）	12.4	19.9
从业人员期末人数	（人）	32822	18378
研究开发人员合计	（人）	4643	4357
研究开发费用合计	（亿元）	20.6	13.1
当年专利授权数	（个）	600	490

4-3 续表13 房山园主要指标

项 目		2023	2022
规划总面积	（公顷）	1573.0	1572.6
投产（开业）企业个数	（个）	349	598
#高新技术企业		127	418
#工业企业		71	130
#三资企业		13	9
工业总产值（当年价格）	（亿元）	332.6	349.3
总收入	（亿元）	1065.8	668.7
#技术收入		135.2	116.4
利润总额	（亿元）	38.5	21.2
#高新技术企业		40.9	21.2
应缴税金总额	（亿元）	30.9	31.4
从业人员期末人数	（人）	64262	62291
研究开发人员合计	（人）	6816	11526
研究开发费用合计	（亿元）	26.5	36.1
当年专利授权数	（个）	659	1417

4-3 续表14 顺义园主要指标

项 目		2023	2022
规划总面积	（公顷）	1207.7	1208.5
投产（开业）企业个数	（个）	476	799
#高新技术企业		203	658
#工业企业		101	184
#三资企业		62	39
工业总产值（当年价格）	（亿元）	864.9	854.4
总收入	（亿元）	2094.8	2127.4
#技术收入		349.7	322.9
利润总额	（亿元）	239.0	142.5
#高新技术企业		137.7	110.4
应缴税金总额	（亿元）	89.1	84.7
从业人员期末人数	（人）	81853	108154
研究开发人员合计	（人）	16247	31825
研究开发费用合计	（亿元）	141.4	171.6
当年专利授权数	（个）	2602	4232

4–3 续表15 密云园主要指标

项 目		2023	2022
规划总面积	（公顷）	1000.8	1000.8
投产（开业）企业个数	（个）	255	241
#高新技术企业		113	171
#工业企业		85	90
#三资企业		21	8
工业总产值（当年价格）	（亿元）	175.2	164.5
总收入	（亿元）	624.5	539.5
#技术收入		71.2	59.0
利润总额	（亿元）	42.5	21.2
#高新技术企业		20.0	21.5
应缴税金总额	（亿元）	23.3	17.8
从业人员期末人数	（人）	34359	30691
研究开发人员合计	（人）	4397	5696
研究开发费用合计	（亿元）	15.5	18.9
当年专利授权数	（个）	527	703

4-3 续表16 怀柔园主要指标

项 目		2023	2022
规划总面积	（公顷）	711.0	711.0
投产（开业）企业个数	（个）	197	247
#高新技术企业		106	170
#工业企业		97	79
#三资企业		30	20
工业总产值（当年价格）	（亿元）	181.2	295.2
总收入	（亿元）	566.4	460.4
#技术收入		91.6	27.5
利润总额	（亿元）	63.6	26.6
#高新技术企业		33.2	27.7
应缴税金总额	（亿元）	25.6	21.0
从业人员期末人数	（人）	27989	28270
研究开发人员合计	（人）	5877	7344
研究开发费用合计	（亿元）	25.8	30.0
当年专利授权数	（个）	561	837

4-3 续表17 延庆园主要指标

项 目		2023	2022
规划总面积	（公顷）	491.2	491.2
投产（开业）企业个数	（个）	134	258
#高新技术企业		51	125
#工业企业		32	41
#三资企业		6	3
工业总产值（当年价格）	（亿元）	123.5	121.7
总收入	（亿元）	257.2	196.7
#技术收入		24.4	20.9
利润总额	（亿元）	15.3	224.8
#高新技术企业		12.9	7.0
应缴税金总额	（亿元）	6.7	25.8
从业人员期末人数	（人）	8928	11144
研究开发人员合计	（人）	1850	2631
研究开发费用合计	（亿元）	8.3	11.2
当年专利授权数	（个）	224	317

4-4 北京首都国际机场临空经济区主要指标

项 目		2023	2022
规划总面积	（公顷）	1557.7	1907.0
投产（开业）企业个数	（个）	476	537
#高新技术企业		119	119
#工业企业		56	63
#三资企业		108	82
工业总产值（当年价格）	（亿元）	266.4	220.4
总收入	（亿元）	3079.2	3483.6
利润总额	（亿元）	35.3	-173.5
#高新技术企业		23.1	27.0
应缴税金总额	（亿元）	71.7	107.1
从业人员平均人数	（人）	154653	170869

注：1. 北京首都国际机场临空经济区为国家级综合保税区，2022年由原北京天竺综合保税区和原北京临空经济核心区整合而成。

2. 本表投产（开业）企业个数、工业总产值（当年价格）、总收入、利润总额、应缴税金总额、从业人员平均人数的统计范围为注册在开发区内的规模（限额）以上法人单位。

2024
北京区域统计年鉴

第五章

BEIJING AREA
STATISTICAL YEARBOOK

特色功能区主要数据

简要说明

一、本章资料的主要内容

本章资料包括首都功能核心区、中心城区、城市副中心、平原新城、生态涵养区等城市空间新格局特色功能区主要指标数据。

二、有关统计标准和数据调整说明

《北京城市总体规划（2016年-2035年）》提出要在北京市域范围内形成“一核一主一副、两轴多点一区”的城市空间结构。其中，“一核”指首都功能核心区；“一主”指中心城区；“一副”指北京城市副中心；“多点”指5个位于平原的新城；“一区”指生态涵养区。

三、本章资料的数据来源

本章资料中一般公共预算收支数据来自北京市财政局，其他数据均来自北京市统计局。

5-1 首都功能核心区基本情况（2016-2023年）

项　目		2016	2017	2018	2019	2020	2021	2022	2023
常住人口	（万人）	213.7	206.1	198.9	190.6	181.5	181.2	180.4	180.2
#常住外来人口		53.2	50.9	43.8	41.9	39.8	38.9	36.9	36.7
地区生产总值	（亿元）	6161.8	6774.0	7419.3	7917.7	7939.8	8681.3	9036.0	9577.0
第一产业增加值									
第二产业增加值		302.0	322.5	365.3	363.5	333.7	364.6	372.7	355.8
工业增加值		200.1	206.0	228.8	225.0	203.5	225.6	237.7	225.7
建筑业增加值		102.1	116.6	136.6	138.6	130.3	139.2	135.2	130.2
第三产业增加值		5859.8	6451.5	7054.0	7554.2	7606.1	8316.7	8663.3	9221.2
一般公共预算收入	（亿元）	580.1	594.3	606.5	620.8	595.3	623.6	600.8	653.2
一般公共预算支出	（亿元）	663.6	674.6	681.3	687.1	686.7	697.2	684.9	712.6
固定资产投资增速	（%）	7.5	12.4	-8.4	-13.2	10.2	-0.8	10.8	-0.9
规模以上工业总产值	（亿元）	1291.9	1345.9	799.3	802.9	641.7	686.5	719.0	678.2
社会消费品零售总额	（亿元）	2123.8	2235.2	2310.8	2415.0	2207.0	2392.7	2215.2	2382.0
规模以上文化产业法人单位收入	（亿元）			2456.8	2708.6	2258.5	2378.0	2105.1	2376.4

注：1. 本表统计范围包括东城区和西城区。
2. 本表固定资产投资增速2016-2018年为全社会口径，自2019年起为不含农户口径，下同。

5-2 中心城区基本情况（2016-2023年）

项　　目		2016	2017	2018	2019	2020	2021	2022	2023
常住人口	（万人）	1264.7	1226.7	1190.1	1147.6	1098.5	1097.2	1094.5	1094.8
#常住外来人口		454.0	426.6	401.4	386.0	356.6	352.0	345.5	344.5
地区生产总值	（亿元）	19578.0	21673.4	23916.3	25626.3	26179.9	29282.3	30352.2	32246.7
第一产业增加值		3.1	3.2	4.6	5.7	5.1	5.4	5.8	4.8
第二产业增加值		1667.8	1762.3	1915.8	1963.5	1970.3	2189.1	2146.3	2115.8
工业增加值		1006.9	1062.3	1152.1	1180.7	1159.1	1343.9	1354.2	1311.5
建筑业增加值		663.4	702.6	764.4	783.5	811.8	848.6	793.1	805.6
第三产业增加值		17907.1	19907.9	21995.9	23657.1	24204.6	27087.8	28200.2	30126.1
一般公共预算收入	（亿元）	1600.1	1688.9	1769.9	1794.0	1756.3	1875.7	1805.8	2001.6
一般公共预算支出	（亿元）	1986.1	2133.1	2276.2	2411.9	2196.3	2279.8	2311.4	2440.3
固定资产投资增速	（%）	4.9	9.5	-10.5	-5.0	-0.2	9.4	2.6	8.3
规模以上工业总产值	（亿元）	4876.9	5108.9	4733.0	4870.8	4825.5	5749.3	5336.0	5180.3
社会消费品零售总额	（亿元）	9625.2	10135.0	10408.8	10812.5	9865.2	10725.7	9833.4	10273.5
规模以上文化产业法人单位收入	（亿元）			9786.7	12244.1	13904.9	16377.7	16554.0	18789.2

注：本表统计范围包括东城区、西城区、朝阳区、丰台区、石景山区和海淀区。

5-3 城市副中心基本情况（2016-2023年）

项目		2016	2017	2018	2019	2020	2021	2022	2023
常住人口	（万人）	145.9	154.5	163.3	173.2	184.0	184.3	184.3	184.5
#常住外来人口		67.7	73.2	83.0	82.9	90.4	89.9	89.9	89.1
地区生产总值	（亿元）	761.4	852.2	986.7	1059.3	1110.5	1208.5	1235.7	1303.6
第一产业增加值		16.6	16.4	16.1	12.6	13.1	13.2	13.4	13.1
第二产业增加值		303.4	356.5	384.4	421.0	426.5	444.2	457.5	468.3
工业增加值		210.6	215.7	212.4	216.6	206.9	230.3	221.8	230.1
建筑业增加值		93.4	141.4	172.7	205.2	220.4	214.8	236.6	239.0
第三产业增加值		441.4	479.3	586.2	625.7	670.9	751.1	764.8	822.2
一般公共预算收入	（亿元）	76.5	79.2	83.1	88.7	78.7	92.4	89.4	94.1
一般公共预算支出	（亿元）	338.4	320.7	405.4	359.8	306.9	330.3	306.3	395.1
固定资产投资增速	（%）	17.4	12.2	-21.8	15.5	8.7	-2.6	0.5	-0.5
规模以上工业总产值	（亿元）	644.0	641.2	620.6	616.6	585.6	634.1	610.5	640.7
社会消费品零售总额	（亿元）	478.8	521.6	552.2	590.7	529.3	563.6	539.6	563.5
规模以上文化产业法人单位收入	（亿元）			72.3	289.4	364.8	392.5	343.0	358.0

注：本表统计范围为通州区。

5-4 平原新城基本情况（2016-2023年）

项　　目		2016	2017	2018	2019	2020	2021	2022	2023
常住人口	（万人）	589.7	612.9	632.9	659.8	690.0	690.4	689.4	690.5
#常住外来人口		294.3	309.5	315.3	324.8	338.4	338.7	337.4	338.1
地区生产总值	（亿元）	5118.6	5636.2	6281.0	6727.0	6722.6	8455.9	7853.0	8055.9
第一产业增加值		61.1	57.1	52.7	51.8	51.4	52.0	50.0	46.3
第二产业增加值		2292.9	2498.2	2733.5	2792.5	2806.9	4156.7	3423.1	3342.1
工业增加值		2104.7	2285.8	2468.6	2511.0	2513.4	3844.5	3095.1	2991.7
建筑业增加值		228.7	255.6	313.0	331.1	338.5	363.2	377.9	403.7
第三产业增加值		2764.7	3080.8	3494.7	3882.7	3864.3	4247.1	4379.9	4667.5
一般公共预算收入	（亿元）	347.6	378.2	411.3	443.8	461.0	493.5	501.3	524.8
一般公共预算支出	（亿元）	863.0	874.5	1025.7	1034.9	1131.9	1084.7	1130.4	1126.0
固定资产投资增速	（%）	1.5	-1.5	-5.0	-3.8	5.3	6.8	6.5	2.5
规模以上工业总产值	（亿元）	8265.4	8423.2	8525.7	8737.6	9122.0	11763.3	10085.0	10051.9
社会消费品零售总额	（亿元）	2401.4	2594.5	2731.3	2882.2	2600.7	2799.0	2660.2	2824.3
规模以上文化产业法人单位收入	（亿元）			613.9	735.9	897.4	1012.3	1073.2	1174.8

注：本表统计范围包括房山区、顺义区、昌平区、大兴区和北京经济技术开发区。

5-5 生态涵养区基本情况（2016-2023年）

项　目		2016	2017	2018	2019	2020	2021	2022	2023
常住人口	（万人）	195.1	200.3	205.4	209.5	216.5	216.7	216.1	216.0
#常住外来人口		42.8	46.2	48.5	49.8	54.2	54.2	52.3	52.3
地区生产总值	（亿元）	1120.9	1243.4	1380.4	1479.1	1499.2	1632.5	1694.7	1813.5
第一产业增加值		49.0	45.2	47.0	44.0	38.5	40.4	42.1	41.0
第二产业增加值		400.7	431.4	443.6	462.3	439.9	460.0	462.3	505.6
工业增加值		312.3	321.0	306.7	305.5	283.2	296.0	294.4	324.4
建筑业增加值		89.1	111.2	137.7	157.6	157.5	164.8	168.8	182.1
第三产业增加值		671.2	766.8	889.8	972.8	1020.8	1132.2	1190.3	1266.8
一般公共预算收入	（亿元）	136.2	146.4	157.6	159.9	163.2	167.9	167.0	179.7
一般公共预算支出	（亿元）	522.2	634.0	712.8	677.2	686.5	655.0	600.4	665.5
固定资产投资增速	（%）	14.5	5.9	-8.1	3.6	-4.5	-11.7	2.4	4.2
规模以上工业总产值	（亿元）	1219.0	1294.2	1226.0	1179.0	1258.7	1200.8	1055.7	1233.6
社会消费品零售总额	（亿元）	629.7	682.7	729.9	778.2	721.1	779.4	761.0	801.4
规模以上文化产业法人单位收入	（亿元）			230.0	274.8	253.6	310.0	289.3	316.3

注：本表统计范围包括门头沟区、怀柔区、平谷区、密云区和延庆区。

2024
北京区域统计年鉴

第六章

BEIJING AREA
STATISTICAL YEARBOOK

四大直辖市主要数据

简要说明

一、本章资料的主要内容

本章资料包括北京、天津、上海、重庆四个直辖市的自然环境、经济发展、社会领域的主要指标数据。

二、本章资料的数据来源

北京市数据由北京市统计局根据相关资料整理，天津、上海、重庆数据摘自《中国统计年鉴》。

6-1 京津沪渝主要指标（2023年）
——自然环境

项　　目		北　京	天　津	上　海	重　庆
平均气温	（摄氏度）	14.3	14.2	17.9	20.1
平均相对湿度	（%）	51	57	73	74
水资源总量	（亿立方米）	41.5	17.8	41.5	698.4
二氧化硫（SO_2）年平均浓度值	（微克/立方米）	3	8	7	9
二氧化氮（NO_2）年平均浓度值	（微克/立方米）	26	35	31	29
可吸入颗粒物（PM_{10}）年平均浓度值	（微克/立方米）	61	74	48	54
细颗粒物（$PM_{2.5}$）年平均浓度值	（微克/立方米）	32	41	28	37
国家级自然保护区个数	（个）	2	3	2	7
国家级自然保护区面积	（万公顷）	2.89	3.06	6.52	25.52

6-2 京津沪渝主要指标（2023年）
——经 济

项 目		北 京	天 津	上 海	重 庆
地区生产总值	（亿元）	43760.7	16737.3	47218.7	30145.8
第一产业		105.5	268.5	96.1	2074.7
第二产业		6525.6	5982.6	11613.0	11699.1
第三产业		37129.6	10486.2	35509.6	16372.0
地区生产总值构成	（%）				
第一产业		0.2	1.6	0.2	6.9
第二产业		14.9	35.7	24.6	38.8
第三产业		84.8	62.7	75.2	54.3
人均地区生产总值	（元）	200278	122752	190321	94147
城镇非私营单位从业人员工资总额	（亿元）	16629.9	3047.1	14983.7	3825.9
城镇非私营单位从业人员平均工资	（元）	218312	138007	229337	113653
居民消费价格总指数（以上年=100）		100.4	100.4	100.3	99.7
一般公共预算收入	（亿元）	6181.1	2027.5	8312.5	2440.8
一般公共预算支出	（亿元）	7971.2	3280.4	9638.5	5304.6
固定资产投资（不含农户）增速	（%）	4.9	-16.4	13.8	4.3
社会消费品零售总额	（亿元）	14462.7	3820.7	18515.5	15130.3
地区货物进出口总值	（亿元）	36466.3	8008.6	42135.3	7128.5
金融机构（含外资）本外币存款余额	（亿元）	246430.0	44520.6	204429.3	53562.8
金融机构（含外资）本外币贷款余额	（亿元）	110835.5	44765.0	111766.7	56730.2

注：本表中存贷款数据来源于中国人民银行及其分支机构官方网站。

6-3 京津沪渝主要指标（2023年）
——社 会

项　　目		北　京	天　津	上　海	重　庆
常住人口	（万人）	2185.8	1364	2487	3191
常住就业人口	（万人）	1129.0	635.0	1345.0	1662.0
居民人均可支配收入	（元）	81752	51271	84834	37595
城镇居民人均可支配收入	（元）	88650	55355	89477	47435
农村居民人均可支配收入	（元）	37358	30851	42988	20820
居民人均消费支出	（元）	47586	34914	52508	26515
城镇居民人均消费支出	（元）	50897	37586	54919	31531
农村居民人均消费支出	（元）	26277	21553	30782	17964
城市绿化覆盖率	（%）	49.8	38.2	37.8	42.3
研究与试验发展经费支出	（亿元）	2947.1	599.2	2049.6	746.7
专利授权量	（件）	193973	59154	159115	54136
技术市场成交额	（亿元）	8536.9	1928.6	4642.3	718.5
普通本专科在校生数	（万人）	61.8	59.7	57.2	110.0
普通高中在校生数	（万人）	21.7	22.1	20.8	67.9
小学在校生数	（万人）	116.2	81.8	93.7	205.9
公共图书馆图书总藏量	（万册）	8099	2445	8307	2916
结婚对数	（万对）	13.7	8.4	10.4	18.4
离婚对数	（万对）	5.5	4.9	4.3	10.7

注：本表中研究与试验发展经费支出数据来源于《2023年全国科技经费投入统计公报》。

2024
北京区域统计年鉴

第七章

BEIJING AREA
STATISTICAL YEARBOOK

京津冀、长三角、珠三角主要数据

简要说明

一、本章资料的主要内容

本章资料内容包括全国、京津冀地区、长三角地区、珠三角地区人口、经济、人民生活、价格等方面的主要指标数据。

二、本章资料的数据来源

北京市数据由北京市统计局根据相关资料整理，全国数据摘自《中国统计年鉴》，珠三角地区数据摘自《广东统计年鉴》，其他省市数据摘自《中国统计年鉴》等。

7-1 京津冀、长三角、珠三角主要指标
——人口、地区生产总值

地 区	常住人口（万人）		地区生产总值（亿元）			
					第一产业	
	2023	2022	2023	增长速度（%）	2023	增长速度（%）
全 国	**140967**	**141175**	**1260582.1**	**5.2**	**89755.2**	**4.1**
京津冀地区						
北 京	2185.8	2184.3	43760.7	5.2	105.5	-4.6
天 津	1364	1363	16737.3	4.3	268.5	1.2
河 北	7393	7420	43944.1	5.5	4466.2	2.6
长三角地区						
上 海	2487	2475	47218.7	5.0	96.1	-1.5
江 苏	8526	8515	128222.2	5.8	5075.8	3.5
浙 江	6627	6577	82553.2	6.0	2332.0	4.2
安 徽	6121	6127	47050.6	5.8	3496.6	3.9
珠三角地区						
广 州	1882.7	1873.4	30355.7	4.6	317.8	3.5
深 圳	1779.0	1766.2	34606.4	6.0	24.7	2.6
珠 海	249.4	247.7	4233.2	3.8	69.7	5.1
佛 山	961.5	955.2	13276.1	5.0	228.8	4.7
惠 州	607.3	605.0	5639.7	5.6	296.1	6.6
东 莞	1048.5	1043.7	11438.1	2.6	36.2	5.0
中 山	445.8	443.1	3850.6	5.6	94.1	5.5
江 门	482.2	482.2	4022.2	5.5	347.0	5.9
肇 庆	413.2	412.8	2792.5	3.7	498.9	4.4

注：地区生产总值按当年价格计算，增长速度按不变价格计算。

7-1 续表

地区	第二产业		第三产业		人均地区生产总值（元）	
	2023	增长速度（%）	2023	增长速度（%）	2023	增长速度（%）
全国	**482588.5**	**4.7**	**688238.4**	**5.8**	**89358**	**5.4**
京津冀地区						
北京	6525.6	0.4	37129.6	6.1	200278	5.2
天津	5982.6	3.2	10486.2	4.9	122752	4.6
河北	16435.3	6.2	23042.6	5.5	59332	5.8
长三角地区						
上海	11613.0	1.9	35509.6	6.0	190321	5.0
江苏	56909.7	6.7	66236.7	5.1	150487	5.6
浙江	33952.7	5.0	46268.6	6.7	125043	5.3
安徽	18871.8	6.1	24682.2	5.8	76830	5.7
珠三角地区						
广州	7775.7	2.6	22262.2	5.3	161634	4.5
深圳	13015.3	6.5	21566.4	5.6	195230	5.6
珠海	1872.1	4.7	2291.4	3.0	170306	3.2
佛山	7513.7	6.2	5533.6	3.3	138526	4.9
惠州	3070.4	6.0	2273.3	4.8	93036	5.5
东莞	6478.2	1.4	4923.7	4.1	109339	2.8
中山	1965.9	7.3	1790.6	3.7	86636	5.7
江门	1855.1	7.3	1820.1	3.6	83409	5.6
肇庆	1154.6	2.8	1139.0	4.2	67614	3.6

7-2 京津冀、长三角、珠三角主要指标
——财 政

单位：亿元

地区	一般公共预算收入		一般公共预算支出	
	2023	2022	2023	2022
全 国	**117228.7**	**108762.2**	**236403.5**	**224981.3**
京津冀地区				
北 京	6181.1	5714.4	7971.2	7469.2
天 津	2027.5	1846.7	3280.4	2729.8
河 北	4286.6	4056.3	9606.2	9305.6
长三角地区				
上 海	8312.5	7608.2	9638.5	9393.2
江 苏	9930.2	9258.9	15242.3	14901.4
浙 江	8600.5	8039.9	12353.1	12017.8
安 徽	3939.2	3589.1	8643.6	8379.8
珠三角地区				
广 州	1945.1	1855.1	2971.6	3022.5
深 圳	4112.9	4012.4	5012.4	4997.4
珠 海	482.5	437.4	671.9	754.1
佛 山	800.8	796.8	982.9	1022.3
惠 州	473.3	441.7	726.7	693.0
东 莞	805.1	766.1	905.9	861.6
中 山	333.0	316.0	465.9	463.1
江 门	277.2	263.0	455.2	450.7
肇 庆	176.6	160.8	416.9	397.6

注：全国一般公共预算收支为31个省（自治区、直辖市）合计数。

7-3 京津冀、长三角、珠三角主要指标
——金　融

单位：亿元

地　区	金融机构本外币存款余额		金融机构本外币贷款余额	
	2023	2022	2023	2022
全　国	**2899132.2**	**2644472.3**	**2422395.7**	**2191028.6**
京津冀地区				
北　京	246430.0	218628.8	110835.5	97819.9
天　津	44520.6	40488.2	44765.0	42494.7
河　北	112840.4	100279.0	86603.1	76644.7
长三角地区				
上　海	204429.3	192293.1	111766.7	103138.9
江　苏	245918.5	218695.8	236409.2	206845.4
浙　江	220736.8	196339.9	217223.1	189808.3
安　徽	83303.5	75196.1	77990.4	67466.2
珠三角地区				
广　州	86638.3	80495.1	76674.2	68918.6
深　圳	133350.5	123400.5	92140.9	83423.0
珠　海	12182.9	11794.3	11090.4	10312.7
佛　山	27524.4	23787.8	19981.4	18234.5
惠　州	9649.0	8396.6	10783.9	9479.1
东　莞	26125.6	23514.0	18401.7	16780.2
中　山	9044.9	8267.2	7812.4	7055.2
江　门	7261.5	6570.6	6041.7	5497.8
肇　庆	3693.7	3430.0	3229.5	2939.7

注：本表中存贷款数据来源于中国人民银行及其分支机构官方网站。

7-4 京津冀、长三角、珠三角主要指标
——投资、消费

地区	固定资产投资（不含农户）增速（%）		社会消费品零售总额（亿元）	
	2023	2022	2023	2022
全国	**3.0**	**5.1**	**471495.2**	**439732.5**
京津冀地区				
北京	4.9	3.6	14462.7	13794.2
天津	-16.4	-9.9	3820.7	3572.0
河北	6.3	7.9	15040.5	13720.1
长三角地区				
上海	13.8	-1.0	18515.5	16442.1
江苏	5.2	3.8	45547.5	42752.1
浙江	6.1	9.1	32550.2	30467.2
安徽	4.0	9.0	23008.3	21518.4
珠三角地区				
广州	3.6	-2.1	11012.6	10298.2
深圳	11.0	8.4	10486.2	9708.3
珠海	-13.1	-8.8	1079.0	1044.7
佛山	-9.9	-3.6	3734.5	3593.6
惠州	5.3	8.8	2144.9	2040.5
东莞	2.7	0.8	4408.1	4254.9
中山	1.8	-0.7	1643.9	1593.4
江门	0.1	-0.8	1347.9	1309.0
肇庆	-4.6	-14.9	1180.6	1117.1

7-5 京津冀、长三角、珠三角主要指标
——对外贸易

单位：亿元

地区	地区货物出口值		地区货物进口值	
	2023	2022	2023	2022
全 国	**237656.4**	**236336.8**	**179853.7**	**180391.0**
京津冀地区				
北 京	6000.1	5890.0	30466.3	30555.5
天 津	3631.4	3729.1	4377.2	4573.2
河 北	3504.2	3288.9	2324.2	2211.8
长三角地区				
上 海	17371.7	17101.5	24763.6	24709.2
江 苏	33716.1	34590.7	18779.3	19627.5
浙 江	35662.8	34333.3	13334.8	12494.6
安 徽	5230.4	4758.8	2822.6	2769.9
珠三角地区				
广 州	6501.6	6147.4	4411.5	4755.7
深 圳	24544.5	21816.2	14153.1	14742.2
珠 海	2022.1	1968.7	941.5	1123.4
佛 山	4875.1	5590.3	1090.1	1075.2
惠 州	2035.4	2043.2	1373.4	1047.6
东 莞	8460.0	9286.0	4353.6	4678.9
中 山	2211.7	2268.3	364.8	470.8
江 门	1408.3	1443.4	324.3	327.7
肇 庆	275.8	273.4	96.1	112.2

注：各地区进出口数据按境内收发货人所在地统计。

7-6 京津冀、长三角、珠三角主要指标
——居民收支

地 区	居民人均可支配收入（元）		城镇居民人均可支配收入（元）		农村居民人均可支配收入（元）	
	2023	2022	2023	2022	2023	2022
全 国	**39218**	**36883**	**51821**	**49283**	**21691**	**20133**
京津冀地区						
北 京	81752	77415	88650	84023	37358	34754
天 津	51271	48976	55355	53003	30851	29018
河 北	32903	30867	43631	41278	20688	19364
长三角地区						
上 海	84834	79610	89477	84034	42988	39729
江 苏	52674	49862	63211	60178	30488	28486
浙 江	63830	60302	74997	71268	40311	37565
安 徽	34893	32745	47446	45133	21144	19575
珠三角地区						
广 州	74837	71358	80501	76849	38607	36292
深 圳	76910	72718	76910	72718		
珠 海	64975	62976	67773	65743	38025	35829
佛 山	67463	64150	68643	65417	41423	38971
惠 州	46637	44890	52621	50811	30530	28964
东 莞	65701	63833	67286	65406	46865	45136
中 山	62379	59764	64856	62196	45770	43490
江 门	40784	38756	47727	45400	26130	24742
肇 庆	32562	31470	39679	38711	24809	23653

7-6 续表

地区	居民人均消费支出（元）		城镇居民人均消费支出（元）		农村居民人均消费支出（元）	
	2023	2022	2023	2022	2023	2022
全国	**26796**	**24538**	**32994**	**30391**	**18175**	**16632**
京津冀地区						
北京	47586	42683	50897	45617	26277	23745
天津	34914	31324	37586	33824	21553	18934
河北	22920	20890	27906	25071	17244	16271
长三角地区						
上海	52508	46045	54919	48111	30782	27430
江苏	35491	32848	40461	37796	25029	22597
浙江	42194	38971	47762	44511	30468	27483
安徽	23607	22542	27900	26832	18905	17980
珠三角地区						
广州	46571	44037	49480	46825	27961	26230
深圳	49013	44793	49013	44793		
珠海	41943	41333	43526	42857	26701	26389
佛山	43330	41129	44120	41897	27585	25861
惠州	29744	29408	32810	32579	21494	20879
东莞	40295	39432	40983	40131	32111	31125
中山	39165	38648	40366	39887	31114	30355
江门	26063	24539	29843	28183	18086	16853
肇庆	20450	19593	24147	23385	16422	15499

7-7 京津冀、长三角主要指标——价格

（上年=100）

地区	居民消费价格指数		工业生产者出厂价格指数		工业生产者购进价格指数	
	2023	2022	2023	2022	2023	2022
全 国	**100.2**	**102.0**	**97.0**	**104.1**	**96.4**	**106.1**
京津冀地区						
北 京	100.4	101.8	99.2	102.3	98.7	106.2
天 津	100.4	101.9	96.4	105.8	96.0	104.4
河 北	100.6	101.8	94.7	100.5	93.8	104.7
长三角地区						
上 海	100.3	102.5	99.7	102.6	98.9	104.9
江 苏	100.4	102.2	96.7	103.2	96.4	105.8
浙 江	100.3	102.2	97.3	104.0	94.8	106.1
安 徽	100.2	102.0	96.6	103.2	95.1	104.0

2024
北京区域统计年鉴

第八章

BEIJING AREA
STATISTICAL YEARBOOK

北京与全国主要数据对比

简要说明

一、本章资料的主要内容

本章资料主要反映北京与全国主要指标数据和北京主要指标占全国比重情况，内容涵盖产业发展、财政、金融、对外贸易、人口、就业、居民收入、教育、城市建设等领域。

二、本章资料的数据来源

北京市数据由北京市统计局根据相关资料整理，全国数据摘自《中国统计年鉴》。

8-1 北京与全国主要指标对比
——经 济

项　目		2023			2022		
		北　京	全　国	北京占全国（%）	北　京	全　国	北京占全国（%）
国内（地区）生产总值	（亿元）	43760.7	1260582.1	3.5	41540.9	1204724.0	3.4
第一产业		105.5	89755.2	0.1	111.5	88207.0	0.1
第二产业		6525.6	482588.5	1.4	6635.6	473789.9	1.4
第三产业		37129.6	688238.4	5.4	34793.8	642727.1	5.4
人均国内（地区）生产总值	（元）	200278	89358		189988	85310	
一般公共预算收入	（亿元）	6181.1	117228.7	5.3	5714.4	108762.2	5.3
一般公共预算支出	（亿元）	7971.2	236403.5	3.4	7469.2	224981.3	3.3
固定资产投资（不含农户）增速	（%）	4.9	3.0		3.6	5.1	
社会消费品零售总额	（亿元）	14462.7	471495.2	3.1	13794.2	439732.5	3.1
货物出口值	（亿元）	6000.1	237656.4	2.5	5890.0	236336.8	2.5
货物进口值	（亿元）	30466.3	179853.7	16.9	30555.5	180391.0	16.9
实际利用外商直接投资	（亿美元）	137.1	1632.5	8.4	174.1	1891.3	9.2
对外承包工程完成营业额	（亿美元）	52.3	1609.1	3.3	53.2	1549.9	3.4
金融机构（含外资）本外币存款余额	（亿元）	246430.0	2899132.2	8.5	218628.8	2644472.3	8.3
金融机构（含外资）本外币贷款余额	（亿元）	110835.5	2422395.7	4.6	97819.9	2191028.6	4.5

注：1. 全国一般公共预算收支为31个省（自治区、直辖市）合计数。
2. 本表中存贷款数据来源于中国人民银行及其分支机构官方网站。

8-2 北京与全国主要指标对比
——社 会

项 目		2023			2022		
		北 京	全 国	北京占全国（%）	北 京	全 国	北京占全国（%）
年底人口数（年末常住人口）	（万人）	2185.8	140967	1.6	2184.3	141175	1.5
就业人员（常住就业人口）	（万人）	1129.0	74041	1.5	1132.1	73351	1.5
居民人均可支配收入	（元）	81752	39218		77415	36883	
城镇居民人均可支配收入	（元）	88650	51821		84023	49283	
农村居民人均可支配收入	（元）	37358	21691		34754	20133	
居民人均消费支出	（元）	47586	26796		42683	24538	
城镇居民人均消费支出	（元）	50897	32994		45617	30391	
农村居民人均消费支出	（元）	26277	18175		23745	16632	
参加职工基本医疗保险人数	（万人）	1504.7	37094.6	4.1	1499.4	36243.4	4.1
普通本专科在校生数	（万人）	61.8	3775.0	1.6	60.3	3659.4	1.6
普通中学在校生数	（万人）	58.8	8047.3	0.7	55.5	7834.5	0.7
小学在校生数	（万人）	116.2	10836.0	1.1	108.4	10732.1	1.0
专利授权量	（万件）	19.4	353.2	5.5	20.3	420.1	4.8
技术市场成交额	（亿元）	8536.9	61475.7	13.9	7947.5	47791.0	16.6
城市轨道交通运营里程	（公里）	836.0	10158.6	8.2	797.3	9554.6	8.3
电信业务总量	（亿元）	633.3	18359.3	3.4	558.6	17501.1	3.2

注：表中普通中学在校学生数范围为普通高中和普通初中。

2024

北京区域统计年鉴

附录

BEIJING AREA

STATISTICAL YEARBOOK

指标解释

指标解释

（一）法人情况

法人单位 指有权拥有资产、承担负债，并独立从事社会经济活动（或与其他单位进行交易）的组织。法人单位应同时具备以下条件：（1）依法成立，有自己的名称、组织机构和场所，能够独立承担民事责任；（2）独立拥有（或授权使用）资产或者经费，承担负债，有权与其他单位签订合同；（3）具有包括资产负债表在内的账户，或者能够根据需要编制账户。

（二）人口和就业

户籍人口 指公民依照《中华人民共和国户口登记条例》已在其经常居住地的公安户籍管理机关登记了常住户口的人。

常住人口 指在某地区实际居住半年以上的人口。

常住外来人口 指不具有本市户籍户口，来自北京市行政区划以外的省、自治区、直辖市，且在京居住半年以上的人口。

常住就业人口 指在常住人口中，年满 16 周岁，为取得报酬或经营利润，在调查周内从事了 1 小时（含 1 小时）以上劳动的人口；或由于在职学习、休假等原因在调查周内暂时未工作的人口；或由于停工、单位不景气等原因临时未工作的人口。

从业人员 指在各级国家机关、党政机关、社会团体及企业、事业单位中工作，取得工资或其他形式的劳动报酬的全部人员，包括在岗职工、聘用的离退休人员，在单位中工作的港澳台及外籍人员、兼职人员、借用的外单位人员和第二职业者，不包括本单位的不在岗职工。

在岗职工 指在本单位工作并由单位支付工资的人员，以及有工作岗位，但由于学习、病伤产假（6 个月以内）等原因暂未工作，仍由单位支付工资的人员。

在岗职工工资总额 与在岗职工指标相对应，根据 1990 年 1 月 1 日的国家统计局令（一号）修订，指单位在报告期内直接支付给本单位在岗职工的劳动报酬总额，包括基础工资、职务工资、级别工资、工龄工资、计件工资、奖金、各种津贴和补贴、交通补贴、洗理费、书报费、旅游费、过节费、伙食补助、住房补贴、住房提租补贴、由单位从个人工资中直接为其代扣或代缴的个人所得税、房水电费、住房公积金、社会保险基金个人缴纳部分等。

在岗职工平均工资 指企业、事业、机关等单位的在岗职工在一定时期内的人均劳动报酬，它表明一定时期在岗职工工资收入的高低程度，是反映在岗职工工资水平的主要指标。

（三）国民经济核算

地区生产总值 指一个地区所有常住单位在一定时期内生产活动的最终成果。地区生产总值有三种表现形式：价值形态、收入形态和产品形态。从价值形态看，它是所有常住单位在一定时期内所生产的全部货物和服务价值与同期投入的全部非固定资产货物和服务价值的差额，即所有常住单位的增加值之和；从收入形态看，它是所有常住单位在一定时期内创造的各项收入之和，包括劳动者报酬、生产税净额、固定资产折旧和营业盈余；从产品形态看，它是所有常住单位在一定时期内最终使用的货物和服务价值与货物和服务净出口价值之和。在实际核算中，地区生产总值有三种计算方法，即生产法、收入法和支出法。三种方法分别从不同的方面反映地区生产总值及其构成。

三次产业 根据社会生产活动历史发展的顺序对产业结构的划分，产品直接取自自然界的部门称为第一产业，对初级产品进行再加工的部门称为第二产业，为生产和消费提供各种服务的部门称为第三产业。这是世界上通用的产业结构分类，但各国的划分不尽一致。三次产业分类依据国家统计局2018年修订的《三次产业划分规定》。第一产业是指农、林、牧、渔业（不含农、林、牧、渔专业及辅助性活动）。第二产业是指采矿业（不含开采专业及辅助性活动），制造业（不含金属制品、机械和设备修理业），电力、热力、燃气及水生产和供应业，建筑业。第三产业即服务业，是指除第一产业、第二产业以外的其他行业。

（四）财政和税收

一般公共预算收入 通过一定的形式和程序，由各级财政部门组织并纳入预算管理的各项收入。

税收收入 包括增值税、营业税、企业所得税、个人所得税、资源税、城市维护建设税、房产税、印花税、城镇土地使用税、土地增值税、车船税、耕地占用税、契税等。

一般公共预算支出 指各级财政部门对集中的一般预算收入有计划地分配和使用而安排的支出。

一般公共服务支出 指政府提供基本公共管理与服务的支出，包括人大事务、政协事务、政府办公厅（室）及相关机构事务、发展与改革事务、统计信息事务、财政事务、税收事务、审计事务、海关事务、人力资源事务、纪检监察事务、人口与计划生育事务、商贸事务、知识产权事务、工商行政管理事务、国土资源事务、海洋管理事务、测绘事务、地震事务、气象事务、民族事务、宗教事务、港澳台侨事务、档案事务、共产党事务、民主党派事务及工商联事务、群众团体事务、彩票事务等。

教育支出 指政府教育事务支出，包括教育行政管理、学前教育、小学教育、初中教育、普通高中教育、普通高等教育、初等职业教育、中专教育、技校教育、职业高中教育、高等职业教育、广播电视教育、留学生教育、特殊教育、干部继续教育、教育机关服务等。

科学技术支出 指用于科学技术方面的支出，包括科学技术管理事务、基础研究、应用研究、技术研究与开发、科技条件与服务、社会科学、科学技术普及、科技交流与合作等。

社会保障和就业支出 指政府在社会保障与就业方面的支出，包括社会保障和就业管理事务、民政管理事务、财政对社会保险基金的补助、补充全国社会保障基金、行政事业单位离退休、企业改革补助、就业补助、抚恤、退役安置、社会福利、残疾人事业、城市居民最低生活保障、其他城镇社会救济、农村社会救济、自然灾害生活救助、红十字事务等。

节能环保支出 指政府环境保护支出，包括环境保护管理事务支出、环境监测与监察支出、污染治理支出、自然生态保护支出、天然林保护工程支出、退耕还林支出、风沙荒漠治理支出、退牧还草支出、已垦草原退耕还草、能源节约利用、污染减排、可再生能源和资源综合利用等支出。

交通运输支出 指政府交通运输和邮政业方面的支出，包括公路运输支出、水路运输支出、铁路运输支出、民用航空运输支出、邮政业支出等。

城乡社区支出 指政府城乡社区事务支出，包括城乡社区管理事务支出、城乡社区规划与管理支出、城乡社区公共设施支出、城乡社区住宅支出、城乡社区环境卫生支出、建设市场管理与监督支出等。

农林水支出 指政府农林水事务支出，包括农业支出、林业支出、水利支出、扶贫支出、农业综合开发支出等。

（五）投资和建筑业

全社会固定资产投资 指以货币形式表现的在一定时期内全社会建造和购置固定资产的工作量以及与此有关的费用的总称。

固定资产投资（不含农户） 指城镇和农村各种登记注册类型的企业、事业行政单位及城镇个体户进行的计划总投资 500 万元及以上的建设项目投资和房地产开发投资。

房地产开发投资 指自本年 1 月 1 日起至本年最后一天止，房地产开发项目中全部用于房屋建筑物、配套的服务设施、土地开发工程和土地购置的投资；不包括单纯的土地开发和交易活动。

房屋施工面积 指报告期内施工的全部房屋建筑面积。包括本期新开工的房屋建筑面积、上期跨入本期继续施工的房屋建筑面积、上期停缓建在本期恢复施工的房屋建筑面积、本期竣工的房屋建筑面积以及本期施工后又停缓建的房屋建筑面积。多层建筑应填各层建筑面积之和。

房屋竣工面积 指报告期内房屋建筑按照设计要求已全部完工，达到住人和使用条件，经验收鉴定合格（或达到竣工验收标准），可正式移交使用的各栋房屋建筑面积的总和。

建筑业总产值 指以货币表现的建筑业企业在一定时期内生产的建筑产品和服务的总和，包括建筑工程产值、安装工程产值、其他产值三部分内容。

年末从业人员 指年末最后一日 24 小时在本单位工作并取得劳动报酬或收入的期末实有人员数。该指标为时点指标，不包括最后一日当天及以前与单位解除劳动合同关系的人员和建筑业整建制使用的人员。

利润总额 指企业在一定会计期间的经营成果，是生产经营过程中各种收入扣除各种耗费后的盈余，反映企业在报告期内实现的亏盈总额。

（六）能源、环境

能源消费总量 指一定地域（行政或地理区域）内，国民经济各行业和居民家庭在一定时期所消费的各种能源的总和。能源消费总量包括终端能源消费量、能源加工转换损失量、能源运输和管理过程的损失量三部分。

生活垃圾无害化处理量 指报告期内简易处理场和各种垃圾无害化处理场（厂）处理垃圾的总量。垃圾简易处理量指垃圾简易填埋场所处理的垃圾总量。垃圾无害化处理量指垃圾无害化处理场（厂）所处理的垃圾总量。

生活垃圾无害化处理率 指报告期垃圾无害化处理量与垃圾产生量的比率。计算公式：

$$\text{垃圾无害化处理率}=\frac{\text{垃圾无害化处理量}}{\text{垃圾产生量}}\times 100\%$$

在统计时，如果生活垃圾产生量不易取得，可用清运量代替。

污水处理量 指污水处理厂或污水处理装置实际处理的污水量，包括物理处理量、生物处理量和化学处理量。

（七）农　　业

农林牧渔业总产值 指以货币表现的农林牧渔业的全部产品总量和对农林牧渔业生产活动进行的各种支持性服务活动的价值。

农作物播种面积 指本年度内收获农作物在全部土地（耕地或非耕地）上的播种或移植面积。凡是本年内收获的农作物，无论是本年还是上年播种，都算为播种面积，但不包括本年播种、下年收获的农作物面积。在播种季节基本结束后，因遭灾而重新改种和补种的农作物面积，也包括在内。

设施农业 指以工厂化生产方式，建造人工设施，改变气候条件，提高农作物抵御自然灾害的能力，改良生物特性，使作物实现错季或反季节生产，达到农作物均衡生产的目的。

农业机械总动力 指主要用于农、林、牧、渔业的各种动力机械的动力总和，包括耕作机械、排灌机械、收获机械、农用运输机械、植物保护机械、牧业机械、渔业机械和其他农用机械[内燃机按引擎马力折成瓦（特）计算，电动机按功率折成瓦（特）计算]。不包括专门用于乡、镇、村、组办工业、基本建设、非农业运输、科学实验和教学等非农业生产方面用的动力机械与作业机械。

农用化肥施用量 指本年度内实际用于农业生产的化学肥料数量，包括氮肥、磷肥、钾肥和复合肥。施用量要求按折纯量计算数量，即各类化学肥料的实际施用数量按其含氮、含五氧化二磷、含氧化钾的比例折成百分之百计算。

行政村常住户数 指长期（一年以上）居住在行政村管理区域内的住户。户口不在本地而在本地居住一年及以上的住户也包括在本地农村住户内；有本地户口，但举家外出谋生一年以上的住户，无论是否保留承包耕地都不包括在本地农村住户范围内。不包括乡村地区内的国有经济的机关、团体、学校、企业、事业单位的集体户。

行政村常住人口 指行政村常住居民户数中的常住人口数，即经常在家或在家居住6个月以上，而且经济和生活与本户连成一体的人口。外出从业人员在外居住时间虽然在6个月以上，但收入主要带回家中，经济与本户连为一体，仍视为家庭常住人口；在家居住，生活和本户连成一体的国家职工、退休人员也为家庭常住人口。但是现役军人、中专及以上（走读生除外）的在校学生、常年在外（不包括探亲、看病等）且已有稳定的职业与居住场所的外出从业人员，不应当作家庭常住人口。

行政村从业人员 指全部行政村人口中16周岁以上实际参加生产经营活动并取得实物或货币收入的人员，既包括劳动年龄内经常参加劳动的人员，也包括超过劳动年龄但经常参加劳动的人员，但不包括户口在家的在外学生、现役军人和丧失劳动能力的人，也不包括待业人员和家务劳动者。从业人员按从事主业时间最长（时间相同按收入）分为农业从业人员，工业从业人员，建筑业从业人员，交通运输仓储及邮政业从业人员，信息传输、计算机服务和软件业从业人员，批发与零售业从业人员，住宿和餐饮业从业人员及其他从业人员。

（八）工　业

工业总产值　指工业企业在报告期内生产的以货币形式表现的工业最终产品和提供工业劳务活动的总价值量，它包括：在本企业内不再进行加工，经检验、包装入库已经销售和准备销售的全部工业成品（包括半成品）价值，对外加工费收入，自制半成品、在制品期末期初差额价值。工业总产值采用“工厂法”计算，即以工业企业作为一个整体，按企业生产活动的最终成果来计算。

轻工业　指主要提供生活消费品和制作手工工具的工业。按其所使用的原料不同，可分为两大类：（1）以农业为原料的轻工业，是指直接或间接以农产品为基本原料的轻工业，主要包括食品制造、饮料制造、烟草加工、纺织、缝纫、皮革和毛皮制作、造纸以及印刷等工业。（2）以非农产品为原料的轻工业，是指以工业品为原料的轻工业，主要包括文教体育用品、化学药品制造、合成纤维制造、日用化学制品、日用玻璃制品、日用金属制品、手工工具制造、医疗器械制造、文化和办公用机械制造等工业。

重工业　指为国民经济各部门提供物质技术基础的主要生产资料的工业，按其生产性质和产品用途，可以分为下列三类：（1）采掘（伐）工业。指对自然资源的开采，包括石油开采、煤炭开采、金属矿开采、非金属矿开采和木材采伐等工业。（2）原材料工业。指向国民经济各部门提供基本材料、动力和燃料的工业，包括金属冶炼及加工、炼焦及焦炭化学、化工原料、水泥、人造板以及电力、石油和煤炭加工等工业。（3）加工工业。指对工业原材料进行再加工制造的工业，包括装备国民经济各部门的机械设备制造工业、金属结构、水泥制品等工业，以及为农业提供的生产资料如化肥、农药等工业。

根据上述划分原则，修理业中以重工业产品为修理作业对象的划为重工业，反之划为轻工业。

资产总计　指企业过去的交易或者事项形成的、由企业拥有或者控制的、预期会给企业带来经济利益的资源。资产一般按流动性分为流动资产和非流动资产，其中流动资产可分为货币资金、交易性金融资产、应收票据、应收账款、预付款项、其他应收款、存货等；非流动资产可分为长期股权投资、固定资产、无形资产及其他非流动资产等。

负债合计　指企业过去的交易或者事项形成的、预期会导致经济利益流出企业的现时义务。负债一般按偿还期长短分为流动负债和非流动负债。

利润总额　指企业在一定会计期间的经营成果，是生产经营过程中各种收入扣除各种耗费后的盈余，反映企业在报告期内实现的亏盈总额。

应交增值税　指企业按税法规定，以销售货物、服务、无形资产或提供加工、修理修配劳务的增值额和货物进口金额为计税依据而课征的一种流转税。

（九）商　业

社会消费品零售总额　指企业（单位、个体户）通过交易直接售给个人、社会集团非生产、非经营用的实物商品金额，以及提供餐饮服务所取得的收入金额。个人包括城乡居民和入境人员，社会集团包括机关、社会团体、部队、学校、企事业单位、居委会或村委会等。

商品交易市场 指经有关部门和组织批准设立，有固定场所、设施，有经营管理部门和监管人员，若干市场经营者入内，常年或实际开业三个月以上，集中、公开、独立地进行生活消费品、生产资料等现货商品交易以及提供相关服务的交易场所，包括各类消费品市场、生产资料市场等。

（十）对外贸易

货物进出口总值 指实际进、出我国海关并能引起我国境内物质资源增加或减少的进出口货物总金额，包括我国境内法人和其他组织以一般贸易、易货贸易、加工贸易、补偿贸易、寄售代销贸易等方式进出口的货物、租赁期一年及以上的租赁进出口货物、边境小额贸易货物、国际援助物资或捐赠品、保税区和保税仓库进出口货物等的金额合计。进出口总值是观察一个国家在对外贸易方面的总规模。我国规定出口货物按离岸价格统计，进口货物按到岸价格统计。

实际利用外商直接投资额 指批准的合同外资金额的实际执行数，外国投资者根据批准外商投资企业的合同（章程）的规定实际缴付的出资额和企业投资总额内外国投资者以自己的境外自有资金实际直接向企业提供的贷款。

（十一）价格指数

居民消费价格指数 指度量消费商品及服务项目价格水平随着时间而变动的相对数，反映一定时期内居民家庭购买的消费品及服务价格水平的变动趋势和变动程度。居民消费价格指数变动率通常被用来作为反映通货膨胀（或紧缩）程度的指标。

工业生产者出厂价格指数 指反映全部工业产品出厂价格总水平变动程度的相对数，其中包括工业企业售给商业、外贸、物资部门的产品，还包括售给工业和其他部门的生产资料以及直接售给居民的生活消费品。通过工业生产价格指数能观察工业产品出厂价格变动对工业总产值的影响。

工业生产者购进价格指数 指反映全部工业原材料、燃料、动力购进价格总水平变动程度的相对数，用以观察和研究工业企业原材料价格变动对生产的影响，以及企业对原材料涨价的消化能力和承受能力，为制定价格政策提供依据。

（十二）居民收支

可支配收入 指调查户在调查期内获得的、可用于最终消费支出和储蓄的总和，即调查户可以用来自由支配的收入。可支配收入既包括现金，也包括实物收入。按照收入的来源，可支配收入包含四项，分别为：工资性收入、经营净收入、财产净收入和转移净收入。

消费支出 指住户用于满足家庭日常生活消费需要的全部支出，包括用于消费品的支出和用于服务性消费的支出。根据用途不同，消费支出可划分为食品烟酒、衣着、居住、生活用品及服务、交通通信、教育文化娱乐、医疗保健、其他用品及服务八大类。根据来源不同，消费支出可划分为现金消费支出、实物消费支出（含自产自用、来自单位或雇主、来自政府和其他社会组织）。

（十三）教　　育

毕业生数　指上学年度具有学籍的学生完成教学计划规定课程，考试合格并且取得毕业证书的学生数。

招生数　指实际招收入学并完成学籍注册的新生数。

在校生数　指具有学籍并在本学年初进行学籍注册的学生数。

教职工数　指各级各类学校（机构）根据岗位聘用的全职为学校工作的人员（含在编人员和签订一年以上聘用合同人员）。

专任教师　指具有《中华人民共和国教师法》《教师资格条例》规定的教师资格，学校根据相关岗位设置管理指导意见，聘用的专职从事教学工作的教师岗位人员。

（十四）文化、科技

公共图书馆藏书　指各级文化部门举办的面向社会服务的独立的图书馆（不包括文化馆的图书室，也不包括文化系统以外的图书馆）藏书数量。

专利授权量　指企业在报告年度内获得专利行政部门授权的专利的件数。

（十五）卫生、体育

医疗卫生机构　指从卫生行政部门取得《医疗机构执业许可证》，或从民政、工商行政、机构编制管理部门取得法人单位登记证书，为社会提供医疗保健、疾病控制、卫生监督服务或从事医学科研和医学在职培训等工作的单位。

卫生技术人员　包括执业医师、执业助理医师、注册护士、药师（士）、检验及影像技师（士）、卫生监督员和见习医（药、护、技）师（士）等卫生专业人员，包括从事临床或监督工作并同时从事管理工作的人员（如院长、书记等）。

执业（助理）医师、注册护士　指取得医师、护士执业证书且实际从事临床工作的人员，包括从事临床工作并同时从事管理工作的人员（如院长、书记等）。

体育场地　指专门用于体育训练、比赛和健身活动的，有一定投资的公益性或经营性体育建筑设施，包括必要的附属功能用房。

（十六）社会福利

社会救助对象总人数　指报告期末生活在当地规定的最低生活保障线以下的家庭人员及国家规定由民政部门救济的特殊人员和60年代精简退职老职工救济人员等。

城市居民最低生活保障人数　指报告期末家庭平均收入在当地规定的最低生活保障线以下的城镇居民数，包括“三无”对象、失业人员和在职、下岗、退休人员等。

农村居民最低生活保障人数 指报告期末在建立农村最低生活保障制度的地区，得到当地政府或集体给予最低生活保障的农业人口家庭人数。

参加基本养老保险人数 指报告期末按照国家法律、法规和有关政策规定参加基本养老保险并在社保经办机构已建立缴费记录档案的职工人数，包括中断缴费但未终止养老保险关系的职工人数和参加基本养老保险的离休、退休和退职人员的人数，不包括只登记未建立缴费记录档案的人数。

参加基本医疗保险人数 指报告期末按国家有关规定参加基本医疗保险的人数，包括参加保险的职工人数和退休人员数。

参加失业保险人数 指报告期末按照国家法律、法规和有关政策规定参加了失业保险的城镇企业事业单位的职工及地方政府规定参加失业保险的其他人员的人数；参加失业保险人数为参加失业保险的职工人数。

（十七）开发区

总收入 指企业全年的生产产品销售收入、技术性收入和与本企业产品相关的商品的销售收入、其他收入等各种收入的总和，总收入等于主营业务收入加上其他业务收入。总收入应按不含增值税的价格计算，不包括补贴收入、营业外收入、投资收益。

应缴税金总额 指企业按国家规定应向税务机关缴纳各种税金的总额。主要包括应交增值税、所得税费用、税金及附加等。